공정위의
인디언
기우제

공정위의 인디언 기우제

2021년 8월 10일 초판 1쇄

지은이 | 이상협
펴낸이 | 길도형
편집 | 박지윤
펴낸곳 | 타임라인
출판등록 제406-2016-000076호
주소 | 경기도 고양시 일산서구 덕산로 250
전화 | 031-923-8668 팩스/ 031-923-8669
E-mail | jhanulso@hanmail.net

ⓒ 이상협, 2021

ISBN 978-89-94627-97-7   03330

공정위의 인디언 기우제

공정위는 대기업의 갑질 도우미인가

글 이상협

'공정위의 인디언 기우제'를 내면서

대기업을 상대로 하여 하도급 업체들이 신고한 사건 관련해서 공정거래위원회(이하 공정위)가 핵심 증거를 은폐한다든지 법규 해석을 이상한 방향으로 해서 사건을 엉터리로 처리하는 경우가 있고, 그로 말미암은 원성들이 또한 자자한 것이 현실입니다. 1부와 2부가 그것에 관한 이야기입니다.

3부는 고통스런 삶에 대한 한 중소기업가 부인의 절절한 호소, 중소 하도급 기업인의 한 맺힌 울분 그리고 기술 탈취, 부당 단가 인하, 감액 등 대기업의 갑질 종합 세트에 의해 폐허가 되다시피 한 하도급업체 공장 모습 등을 싣고 있습니다.

4부는 저가 공정위 인사 관련해서 당시 위원장에게 올린 상소문, 공무원노조 활동하다가 징계 위기에 처한 후배들을 위해 여기 저기 보낸 탄원서 등을 주로 싣고 있습니다. 제가 존경하는 홍성호 전 공정위 노조 지부장의 멋진 글도 있습니다. 여기서 공무원 조직 내부의 문제를 잘 엿보실 수 있을 겁니다.

5부는 대기업 갑질에 의해 황폐화된 산업 생태계를 복원하여 우리 산업이 경쟁력을 가지려면 어떻게 해야 하는가에 대한 하도급 사업자들의 기고 글들을 중심으로 실었습니다. 지금처럼 심하게 왜곡된 것이 아니라 건강한 경쟁 질서가 자리를 잡아야 한다는 것입니다. 독일 라인 강의 기적은 발터오이켄의 질서자유주의에 의해 가능했다고 합니다. 이 이론은 서독의 초대 경제장관 에르하르트에 의해 실행됩니다. 여기서 강조하는 것이 경쟁 질서입니다.

밤하늘에 무수한 별들이 제멋대로 운행하고 있는 것처럼 보여도 일정한 질서에 의해 움직이듯, 이 세상도 그런 일정한 질서가 필요한데 그게 경쟁 질서라는 것입니다. 최선의 경쟁에 의해 최선의 상품이나 서비스가 산출된다는 것입니다.

6부는 공학박사 손영진의 '국가를 당사자로 하는 계약에 관한 법률'(국가계약법)의 문제점에 관한 글입니다.

'국가 경제 상거래 질서는 시장경제의 기본(헌법 119조 1항)에 반하는, 대등성이 상실된 채 경제적 강자가 경제적 약자를 지배 유린 수단으로 전락시키고 있는 국가 계약 관련법 제도를 아직 유지하고 있다. 개발 시기에 과도기적으로 적용했던 전체주의적인 이들 법제도를 개혁 없이 그대로 적용하고 있다.' (본문 중에서).

7부는 2018년 12월 국회 세미나에서 공정위 사건 처리의 문제점과 개혁 방안에 대하여 발표한 내용입니다. 너무나 많은 대기업 관련 사건이 심의종료(일종의 기각이나 각하)로 사라집니다. 수많은 중소 하도급 및 자영업자들의 원성의 소리가 들리는 듯합니다.

8부에는 2001년 6월 미 항소법원이 마이크로소프트(MS) 사건 판결에서 MS가 Intel 사의 제품과 호환 가능한 PC 운영체제 시장에서 Window의 독점력을 남용했다고 한 판결을 담았습니다.

여기서 항소법원은 인터넷 브라우저 시장에서 MS가 익스플로러의 독점화를 기도했다는 지방법원의 판결은 완전히 인정하지 않고, 윈도우 운영체제와 웹브라우저인 익스플로러를 결합하여 판매하는 것은 당연위법이 아니라 합리적 원칙에 의해 판단되어야 한다고 하여 재심리를 위하여 파기환송하였습니다. 또한 지방법원의 기업 분할의 판결도 재심을 위하여 파기환송하였습니다. 당시 미 법무성 자료와 뉴욕타임스의 기사를 토대로 분석한 것입니다. 지금 미국 법무성이 구글의 반트러스트법 위반을 조사하는 데 대해 어느 정도 시사점을 줄 수 있다고 생각합니다.

이 책이 공정위의 부당한 사건처리를 바로잡는 데 도움을 주었으면 하는 바람입니다. 나아가 공정위가 국민의 원망이 아니라 신뢰를 받는 기관으로 자리매김하는 계기가 되었으면 합니다.

공정위의 치부가 될 수도 있는 적나라함을 책으로 내는 이유는, 모든 것을 음습한 습지에서 밝은 양지로 끌어내기 위함입니다. 강렬한 햇볕에 모든 것을 노출함으로써 오늘날 공정위의 문제점에 대한 진성한 문제해결 방안이 제시될 수 있기 때문입니다.

나아가 정부 기관 전체도 되돌아볼 필요가 있다고 생각합니다. 정부 정책도 하나의 서비스입니다. 국민이 세금을 대가로 지불하고 받는 서비스입니다. 하지만 그 서비스가 지불된 대가에 비하면 너무 조악하고 자주 악영향을 끼치는 것도 많습니다.

그런데 고객인 국민은 그에 대해 별다른 대응 방법이 없습니다. 정부 기관이 독점 사업체이기 때문입니다. 선진국도 정부 기관이 대부분 독점(미국은 좀 다릅니다. 정부 기관 간 경쟁이 있습니다)인데, 선진국 정부들의 서비스 품질이 그렇게 나쁘지 않은 것은 왜일까요?

다른 이유도 있겠지만 정부 조직 내에서도 견제와 균형이라는 경쟁 원리가 작동하니까 제대로 된 품질의 서비스가 나오는 거라 봅니다.

우리는 독점의 정부 기관이 그 내부에서 의사결정 등 모든 것이 또 독점입니다. 최악의 상태입니다. 그러니 제공하는 서비스가 당연히 엉망입니다. 이를 고쳐야 우리는 도약할 수 있을 것입니다.

2021년 삼복을 지나며
2017년 공정위 명예퇴직자 이 상 협 드림

추천사

10년 전 '삼성동물원', '엘지동물원'이라는 표현을 써서 일약 스타로 등극한 정치인이 있다. 국민들이 얼마나 재벌들의 불공정 행위에 치를 떨고 있는지를 웅변하는 일이었다.

그러나 그 뒤로도 재벌들이 불공정행위를 중단하거나 줄이고자 노력하는 모습은 전혀 보이지 않았다. 그리고 정부 기관 특히 주무 부처인 공정거래위원회는 자신들의 퇴직 후 일자리와 불공정 사건 의 처리를 맞바꾸는 데 조금의 주저도 하지 않았던 사실이 검찰의 수사로 드러났다. 심지어는 공정거래위원회를 개혁하여 원래의 업무를 진행하고자 했던 유선주 심판관리국장은 김상조 위원장과 직원들의 음해공작으로 직무배제를 당한 채 울분을 토해야만 했다.

나는 이런 참담한 상황에서 저자를 만났다. 나는 저자와 함께 어떻게 하면 'ㅇㅇ동물원'에 갇힌 을들을 구제하여 경제 주체로 다시 활동할 수 있게 할 것인가 논의를 진행하였다.
그 과정에서 나는 공정위 재직 기간 동안 쌓은 서자의 전문성에 전적으로 동의할 수밖에 없었다. 어떤 학술적인 연구보다 더 생생했다. 어떠한 압력에도 굴하지 않고 자신의 고유 업무를 진행하다 결국은 한직으로 밀려나자 사표를 던지고 시민단체 활동을 택하는 용기도 가진 의인이라 하지 않을 수 없다.

모쪼록 이 책이 암흑에 빠진 이 나라의 공정거래 정책과 행정에 큰 불빛을 비추어 을들이 신나게 자신들의 경제활동을 영위할 수 있게 되기를 바라마지 않는다.

이선근 공정거래회복국민운동본부 상임대표

목차

서문 '공정위의 인디언 기우제'를 내면서

추천사

제1부 공정위의 인디언 기우제　15

1. 위원장님, 안녕하십니까?　16
2. 지식 콘테스트　18
   Ⅰ. 하도급 대금 부당결정행위에 대한 접근　18
   Ⅱ. 사실의 인정 및 위법성 판단　24
3. 검찰진술조서　33
4. 아몰랑 감사관실　44
   Ⅰ. 감사 개요　44
   Ⅱ. 주요 의혹 제기 내용　45
   Ⅲ. 감사 결과　46
   Ⅳ. 조치 의견 감사 결과　49
5. 사건 부서의 현문막답　50
6. 비 올 때까지, 무혐의 될 때까지　60
7. 일괄정밀 이재만 사장의 인생 이력서　68

제2부 청와대 신문고
- 50억 재산 날리고 75

1. 50억 재산 날리고 콘테이너에 76
2. 청와대 신문고 - 나의 작은 소망 80
3. 공정위에 정보 공개 청구하니
이런 기막힌 답변이! 85
4. 감사원에 진정하다 89
5. 광석건설 문상만 사장의 인생 이력서 92

제3부 세상을 향해 97

1. 탄원서 98
2. 자동차 2차 벤더 부인의 전화 103
3. 현장의 목소리 104
   어느 중소기업 사장님의 말씀을 들어보니 104
   대기업은 배 터져 죽고, 중소기업은 굶어 죽고… 107
   중소기업이 살기 위해서는, 111
4. 의류산업 스케치 114
5. 갑질종합세트에 의해 망가진 공장 현장 모습 116

제4부 쉬어가는 고개 117

1. 인사 관련 상소문 118
2. 박○○ 수석님께 129
3. 징계위원님에게 드리는 글 137
4. 김○○ 부위원장님께 143
5. 우리 법의 특성 149
6. 목요장터 151

제5부 보다 나은 사회를 향해   159

고된 일상 바꿀 수 있는 법, 재벌들이 막고 있다   160
어디서부터 잘못됐을까   161
공정 경제, 착취 경제   163
일자리 창출의 지름길은 시장경제의 질서 확립   164
하도급 사업자들이 원하는 것   165
원사업자들이 원하는 것   176
로열티 받는 중소기업 들어보셨나요?   182
하도급법의 목적은 인격의 자유 발현 보장   184

제6부 갑의, 갑에 의한, 갑을 위한 국가계약법   187

들어가며   188
계약자유 한계에 대한 국가의 채무   189
사후 규제 중심의 국가계약법의 문제점   190
공정거래법 및 하도급법의 문제점   192
국가계약 관련법 개혁 방향   194
마치며   196

제7부 공정위 개혁, 피해자에게 길을 묻다   199
― 주제 발표 ―

갑질 피해자의 사례로 살펴본 공정위 개혁 방안   200
1)하도급 부당단가인하 금지 등이
왜 중요한가?   200
2)공정위의 하도급제도 운용 및
사건처리 실태에 관하여   201
3)업계 관계자 및 공정위 퇴직 직원은
어떻게 보나? 그리고 사건 무마 압력은
어떻게 하나?   206
4)그럼 어떻게 해야 하나?   212

제8부 2001년 마이크로소프트(MS)의
항소심 판결 시사점   219

Ⅰ. 서론   220
Ⅱ. 주요 쟁점   221
Ⅲ. 사건 경위   226
Ⅳ. 향후 방향 및 시사점   228

제1부

공정위의
인디언
기우제

1. 위원장님, 안녕하십니까?

(*퇴직 당시 김상조 위원장에게 보낸 이메일입니다.)

위원장님, 안녕하십니까?

내일이 명예퇴직 날짜로 사실상 오늘이 마지막 출근일인 ○○담당관실 이상협입니다.

첨부한 자료는 하도급서면조사서에 나타난 원, 수급사업자들의 바람, 불만 등을 정리한 것입니다. 생생한 현장의 목소리로 보셔도 될 것입니다.

그리고 감사관실과 ○○○ 노조위원장한테 심사보고서 등 자료를 보내어 놓았습니다만 ㈜ M사에 대한 신고 및 직권조사 처리에 대해 석연치 않은 점이 많아 보입니다. 신고사건은 심사보고서를 보시면 아시겠지만, 원사업자가 수급사업자를 거의 거덜을 낸 위법성이 큰 사안이라 생각합니다. 그런데 그것을 물려받은 후임은 조사 출장 등 바쁜 와중에서도 다 끝낸 사건을 다시 뒤집어서는 심의 절차 종료 등으로 끝내서 피심인에게 면죄부를 주었습니다. 납득하기 어려운 처사라 하겠습니다.

그리고 그 심사보고서 증거자료 16(TCI 관련 감액 등)은 2015년 말경 M사에 대한 직권조사에서 확보한 하도급법상의 감액 관련

자료입니다(자기들 표현으로는 '매출차감'). 500억 원 규모입니다. 이와 관련한 구체적 공제(감액) 합의서 등도 다수 확보하였습니다. 고문 로펌인 ○○○이 여기에 대해 우려를 표시한 문건도, M사 감사실이 이의 문제점과 관련해 회장에게 보고한 문건 등도 당시 확보하였습니다.

그런데 올해 초에 여기에 대한 심결이 났는데, 법 위반 금액(감액 금액) 3억 원으로 해서 M사가 8,000만 원 정도의 과징금만 받았습니다. 역시 납득하기 어려운 일입니다. 그리고 마지막으로 부탁드리고 싶은 것은, 만일 두 사안이 사건 무마로 밝혀지더라도 적어도 담당자에게만은 책임을 묻지 말아 달라는 것입니다. 조직의 틈바구니에 끼어서 그렇게 하지 않고서는 배겨나지 못했을 것이기 때문입니다. 위원장님의 리더십 아래 위원회가 국민의 따뜻한 지지와 신뢰를 다시 회복하리라 생각합니다. 국민의 한 사람으로 미리 감사를 드립니다. 안녕히 계십시오.

2017년 6월
이상협 드림

2. 지식 콘테스트

(*공정위에서 매년 직원들에게 업무 지식 등을 등록하게 하여 우수자에게 포상을 하는 제도가 있는데 거기에 응모한 내용입니다. 우리 중소하도급업체가 처한 실상이 잘 나타나 있습니다.)

〈첨부2〉 지식 콘테스트 응모 양식

제16회 지식 콘테스트 응모 지식 요약문

Ⅰ. 하도급 대금 부당결정행위에 대한 접근

1. 출전 배경

지속적, 체계적으로 단가를 인하하여 수급 사업자를 도산 위기로까지 몰아넣는 악성 부당 단가인하 행위에 접근하는 사례를 소개하여 유사한 행위에 대한 조사에 도움이 되었으면 함.

⇒이러한 행위는 업계에서 속칭 '돌려치기' 라 하는 것으로 마치 문어가 물고기를 잡아 진액을 다 빨아먹고 버리고 다른 물고기를 잡아 다시 진액을 빼는 것처럼, 한 수급사업자를 거덜내고 내팽개

치는 가장 악성이 강한 행위임.

2. 주요 내용(요약)

대기업들의 최저가낙찰제 운용으로 인해 하도급업체들은 출혈 경쟁을 할 수밖에 없으며, 이는 다시 하위의 하도급업체, 일용노동자, 자재 납품업체까지 연쇄적으로 출혈경쟁을 야기시킴. 이는 대기업의 제품구매력 저하 및 경제의 저성장으로 이어짐.

⇒매년 단가인하(CR)를 강제당하는 탓에 대출해서 공장을 운영하는 실정임. 인건비, 전기 등 모든 물가는 오르는데 제품 인하 가격을 제3, 제4 협력업체가 떠안아야 하는 구조라 20인 미만 소규모 자동차부품업체는 근본적인 대책이 강구되어야 함. 완성차업체가 1차 수급사업자에게 3% 정도 단가인하를 하면 1차 업체도 어쩔 수 없이 2차 업체에 그만큼 전가를 함.

3. 기대 효과

이와 같이 악성이 강한 하도급 횡포를 시정하여 수급사업자들이 원사업자와 명실상부하게 동반 성장을 할 수 있게 함.

⇒수급사업자들의 수익이 나아지면 시설 합리화 및 품질향상 등을 통해 중소기업의 경쟁력이 강화되며 이는 고용 창출로 이어짐.

제16회 지식 콘테스트 응모 지식 본문

〈요약〉

1. 사실의 인정

피심인은 이미 2007년도에 신고인의 부품단가를 더 이상 단가인하를 할 수 없는 한계치까지 인하하여, 2009년 6월경 신고인의 원가 계산서에 의하면 적정 단가보다 31% 정도나 낮은 단가로 적자 납품을 하게 되는 지경에 이르게 하였다. 이로 인해 신고인은 운영자금을 6억 5,000만 원이나 대출하고, 직원들도 다수 구조조정을 하지 않을 수 없는 상황이 되어 사실상 경영이 어렵게 되었다.

2. 위법성 판단

이러한 피심인의 행위는 일방적으로 하도급 대금을 낮게 결정하여 부당하게 목적물 등과 같거나 유사한 것에 대하여 일반적으로 지급되는 대가보다 낮은 수준으로 하도급 대금을 결정하는 행위이므로 법 제4조 제2항 제5호에 해당되어 같은 조 제1항에 위반되는 부당한 하도급 대금 결정행위라고 판단된다.

3. 자동차 부품시장의 실태

강한 수직적 거래관계와 그로 인한 다양한 횡포

자동차부품산업은 완성차 업체를 중심으로 1차, 2차, 3차 수급사업자로 이어지는 강한 수직적 관계를 구축하고 있다. 이 강한 수직적 관계에서 원사업자들은 다양한 방식으로 수급사업자들에게 횡포를 부리므로 하도급 관련 문제가 가장 많은 업종으로 인식되고 있다. 이 부품시장의 실태를 보면 다음과 같다.

①대기업들의 최저가 낙찰제 운용으로 인해 하도급업체들은 출혈경쟁을 할 수밖에 없으며, 이는 다시 하위의 하도급업체, 일용노동자, 자재납품업체까지 연쇄적으로 출혈경쟁을 야기시킴. 이는 대기업의 제품구매력 저하 및 경제의 저성장으로 이어짐.

②2차 및 3차 수급사업자(1차 가공업체)가 원자재를 구매하여 1차 수급사업자(2차 가공업체)에 납품하므로 원자재 상승분은 1차 가공업체인 2차, 3차 수급사업자가 부담함.

③하도급 업체도 부가가치가 발생해야 재투자를 해서 시설 합리

화, 품질향상 및 원가절감을 할 수 있음. 제조업은 재투자를 해야 생명력을 유지하고 그렇지 않으면 도태됨.

④대기업은 동의서를 무기로 모든 절차를 합법화함.

⑤대기업이 사전통보 없이 거래를 중단하거나 거래선을 변경시키는 경우가 많음. 단가인상 요청을 하면 거래선을 중국산 등으로 돌려 버리기 때문에 중소업체들은 고사 상태임. 따라서 품질 개선은커녕 폐업을 생각하는 경우가 많음.

⑥매년 강제적 단가인하(CR)를 하므로 대출해서 공장을 운영하는 실정임.

⑦인건비, 전기 등 모든 물가는 오르는데 제품 인하 가격을 고스란히 3차, 4차 협력업체가 떠안아야 하는 구조라 20인 미만 소규모 자동차부품업체는 근본적인 대책이 강구되어야 함.

⑧완성차업체가 1차 수급사업자에게 3% 정도 단가인하를 하면 1차 수급사업자도 어쩔 수 없이 2차 수급사업자에게 그만큼 전가를 함.

본 건 피심인과 신고인 사이에도 거래의존도가 82~100%에 달하는 강한 수직적 관계가 존재한다.

(단위 : %)

신고인	'07년 거래의존도	'08년 거래의존도	'09년 거래의존도
A사	91[1]	80	100

*자료출처 : 피심인 제출자료(소갑 제2호 증)

다양한 횡포로 인한 수급사업자들의 경영 상황 악화

강제적 단가인하(CR) 등으로 인해 수급사업자들은 대출해서 공장을 운영하는 실정이며 인건비, 전기 등 모든 물가는 오르는데 제품 인하 가격을 고스란히 하위 협력업체가 떠안아야 하는 구조라 20인 미만 소규모 자동차부품업체는 근본적인 대책이 강구되지 않는 한 쓰러질 지경이라고들 한다.

신고인의 경우도 납품단가가 적정가에서 지나치게 낮은 상태가 오래 지속됨에 따라 경영 상황이 악화되었다. 이러한 사실은 신고인이 2009년 6월 피심인에게 납품단가 인상을 요구하면서 보낸 원가계산서, 정부정책자금 대출 공문 및 직원 구조조정 리스트 등에 구체적으로 나타나고 있다.

예를 들면, 신고인은 2009년 상반기에 전체 직원 39명 중 11명 인력 구조조정, 6억 5,000만 원의 정부 정책자금을 대출받아야 하는 등 경영실적이 악화되었다.(소갑 제3호 증)

---

1) 2007년 피심인에 대한 납품액 292,000,000원/2007년 신고인의 매출액 320,000,000원 ×100=91%

4. 제도 개선사항 : 없음

Ⅱ. 사실의 인정 및 위법성 판단

1. 행위 사실

피심인은 2004년 신고인의 납품단가를 4.6% 인하(인하 금액 : 110,000,000원)하고(소갑 제4호 증), 2006년에는 납품단가를 7.37% 인하하여 195,592,000원(인하금액 : 95,592,000원)을 절감하는 계획[2](소갑 제5호 증)을 추진하는 등 단가를 지속적으로 인하하여, 2007년에 이르면 신고인은 더 이상 단가인하(CR)를 할 수 없는 열악한 상태[3]에까지 이르렀다. 그럼에도 피심인은 2007년에 납품단가를 0.1% 인하(인하금액 : 3,000,000원)하고(소갑 제6호 증), 2008년에는 1.9%를 인하(인하금액 : 50,000,000원)(소갑 제8호 증), 2009년에는 1.1% 인하(인하금액 : 22,000,000원)하는(소갑 제9호 증) 등 지속적으로 단가를 인하하였다.

그 결과, 2009년 6월경 신고인이 피심인에게 제출한 원가 계

---

2) '인하계획'으로 되어 있으나 이것이 실행되었다고 판단하는 근거는 Ⅱ. 사실의 인정 및 위법성 판단 → 3. 위법성 판단 → (1) 위법성 성립요건의 다섯째, 여섯째 참조
3) 신고인이 물량감소 등으로 CR 불가가 예상된다고 하였으나 신고인의 '05년 매출액이 3,105,000,000원, '06년 매출액이 3,141,000,000원(소갑 제7호 증) 그리고 '07년 3,200,000,000원으로 물량감소는 없어 신고인의 단가구조가 열악해진 것은 피심위의 지속적인 단가인하 때문이라고 할 수밖에 없음.

산서에 의하면 기업이윤 포함한 적정 단가 대비 31%[4](기업이윤을 뺀 순수한 납품단가 적자분은 26%)나 납품단가가 낮아서 인력구조조정 11명, 자진 사직 8명 등 전체 직원 39명의 약 절반인 19명의 직원이 퇴사하고, 또한 운영자금 마련을 위해 정부정책자금 650,000,000원을 대출받기도 하는 등 경영이 극도로 어려워졌다.(소갑 제3호 증)

결과적으로, 1986년 3월부터 상용차 브레이크용 부품을 피심인에게 납품해 오던 신고인은 피심인과의 하도급 거래를 2009년 12월 17일 종료하였고, 피심인은 B사 등 6개 수급사업자에게 아래의 〈표6〉과 같이 신고인이 납품하여 오던 116종의 부품을 나누어서 제조 위탁하여, B사 등 6개 수급사업자의 납품단가를 신고인의 단가보다 평균 15% 더 인상된 금액으로 결정하여 지급한 사실이 있다. 즉, 신고인은 이들 수급사업자들보다 15%나 인하된 가격으로 납품을 하여 온 사실이 있다.(소갑 제10호 증)

또한 피심인의 2008년 및 2009년 구매 전략에 의하면 '독과점품목 이원화 추진', '이원화 검토를 통한 인하 추진' 등 이원화를 통한 납품단가 인하 추진을 계획하고 있고(소갑 제11호 및 제12호 증), 또한 다른 자료에는 신고인 부품 이원화 개발시 단가인상 효과는 16%라고 하고 있고(소갑 제13호 증) 신고인 업종의 가격조사 결과 '신고인의 납품단가 대비 15% 수준으로 파악"이라고 하여 신고인

---

4) 피심인은 신고인이 52% 단가인상을 요구하였다고 하나 근거가 없음.

의 단가가 일반수준보다 15% 낮은 것을 인정하고 있다.(소갑 제14
호 증)

피심인의 이와 같은 행위는 하도급법이 금지하는 부당한 하도급
대금의 결정 행위에 해당된다고 할 수 있다.

첫째, 일반적으로 하도급 거래에 있어서 수급사업자는 원사업자
에 비하여 교섭력이 열등한 위치에 있으므로 원사업자와의 지속적
거래관계를 유지하기 위하여 현실적으로 원사업자의 요구를 쉽게
거절할 수 없다는 점에서 이 사건의 납품단가 인하 합의는 진정한
합의에 기초한 것으로 볼 수 없다.

둘째, 더욱이 신고인의 피심인에 대한 거래의존도가 아래 〈표7〉
에서와 같이 80~100%로 의존도가 굉장히 높은 상태에서 피심인
의 무리한 납품단가 인하 요구를 신고인이 거절하기 어렵다는 것
을 감안할 때 합의의 진정성은 더욱 의심된다고 하지 않을 수 없
다.

〈표7〉 신고인의 피심인 거래의존도

(단위 : 억 원)

신고인	연도	전체매출액(A)	피심인에 대한 매출액(B)	피심인에 대한 거래의존도(B/A*100)
A사	2007년	32	29	90%
	2008년	34	28	82%
	2009년	19	19	100%

*자료출처 : 피심인 제출 자료(소갑 제2호 증)

셋째, 2009년 7월 15일자로 신고인이 피심인에게 보낸 '납품단가 인상 요청 건' 공문의 원가 계산서에 의하면, 기업이윤을 포함한 적정 단가 대비 31%(기업이윤을 뺀 순수한 납품단가 적자분은 26%)나 납품단가가 낮아져서 인력 구조조정 11명, 자진 사직 8명 등 전체 직원 39명의 약 절반인 19명의 직원이 퇴사를 하고, 또한 운영자금을 위해 정부 정책자금 6억 5,000만 원을 대출받기도 하는 등 경영이 극도로 어려워지는 상황을 볼 때 진정한 합의에 의해 납품단가를 인하한 것으로 볼 수 없다.

넷째, 2007년도에 더 이상 납품단가 인하를 하기 어렵다고 피심인도 인정할 만큼 신고인의 납품단가 구조가 열악한 상태에서도 계속적으로 단가인하를 하였다.

다섯째, 예를 들면 2009년 피심인의 원가절감계획을 보면 절감 목표 달성률이 99~134%에 달하는 바(소갑 제15호 중), 이는 피심인이 수급사업자에 대해 강압적으로 단가인하를 요구한 결과라고 보지 않을 수 없다. 또한 TCI(Total Cost Innovation, 원가절감) 목표 달성을 위해서는 추가로 감액을 하는 등의 행위도 하고 있어 피심인의 납품단가 인하 요구를 일방적으로 들어줄 수밖에 없다고 판단된다.(소갑 제16호 중)

여섯째, 2010년 피심인의 보복 조치 관련 자료를 보면, 수급사업자가 법 위반 사실을 공정위에 제보하면 보복 조치를 하도록 하는 등 내부 분위기가 상당히 강압적이라, 신고인이 피심인의 일방적

인 납품단가 인하 요구를 거절하기 어려웠다고 판단된다.(소갑 제 17호 증)

일곱째, 'Ⅰ. 3. 자동차 부품시장의 실태'에서 보는 바와 같이 자동차 부품 하도급업체들, 특히 H 같은 모기업의 2차, 3차 벤더는 지극히 열악한 납품단가로 인해 어려움에 처해 있는 바, 거기서도 시장평균 부품 단가에 비해 15%가 낮다면 정상적인 회사경영을 하기 어려웠으리라고 판단된다. 또한 피심인이 더 이상 신고인에게 단가인하를 할 수 없다고 인정한 2007년부터 신고인은 적자 납품을 해왔다고 판단되므로 지속적인 적자 요인을 더 이상 감내할 수 없어 2009년 6월경에는 사실상 폐업 상태에 들어간 것으로 판단된다.

결론적으로, 피심인이 결정한 하도급대금은 신고인의 생산원가에는 말할 것도 없고 시장의 평균단가에도 훨씬 미치지 못하는 낮은 수준이었고, 이 낮은 단가의 장기간 지속이 신고인의 경영에 상당한 부담을 초래하였다고 판단된다.

2. 피심인 주장에 대한 검토

피심인 주장

피심인은 신고인이 52%의 단가인상을 요구하여 어쩔 수 없이 거래를 중단하고 다른 수급사업자들을 물색한 바, 이들 수급사업자들의 단가가 신고인의 단가보다 15% 정도만 높아 수급사업자들을 교체하였다고 주장한다.

나아가 신고인이 2009년 8월 20일자 공문으로 2009년 9월 20일부터 점차적으로 납품을 중단하겠다고 하여 1~2개월 내에 116개 품목에 대한 후속 수급사업자들을 선정하고 단가합의까지 완료해야 하는 상황이어서 단가협상에서 불리할 수밖에 없었고, 또한 이들 후속 수급사업자인 신고인이 납품하던 부품을 생산하기 위해서는 설비, 자금, 인원 등 신규 투자비용이 발생하므로 신고인의 납품단가보다 높을 수밖에 없다고 주장한다.

또한 신고인의 2007년, 2008년 및 2009년도 영업이익률이 10.71%, 8.15% 및 −8.99%에 달하므로 2009년도를 제외하면 피심인의 낮은 단가로 인해 신고인의 경영이 악화된 것이 아니라 신고인의 다른 거래선의 매출 감소, 신규 차종 개발 중단으로 인한 물량 감소 때문이라고 주장한다.

피심인 주장에 대한 검토

피심인의 위와 같은 주장은 다음과 같은 점들을 고려할 때 이 사건의 제조 위탁 단가인하의 정당화 사유로 수용할 수 없다고 판단된다.

첫째, 피심인은 신고인이 52% 단가인상을 요구하였다고 주장하나 근거가 없으며, 신고인이 2009년 7월 15일자로 피심인에게 보낸 '납품단가 인상 요청 건' 공문의 원가 계산서에 의하면, 기업이윤 포함한 적정 단가 대비 31%[5](기업이윤을 뺀 순수한 납품단가는 26%) 적자 상태에 있으므로 이 정도 인상해 달라는 것으로 보는 것이 타당하다.(소갑 제3호 중)

둘째, 피심인은 빠른 시일 내에 후속 수급사업자들을 선정해야 하는 등의 이유로 시장 평균단가 대비 15% 정도 높은 단가로 후속 수급사업자들과 단가합의를 하였다고 주장하나, B사 등 6개 후속 수급사업자들은 원래부터 피심인의 수급사업자들이었고(소갑 제18호 중), 또한 피심인 자료에 의하면 2009년 8월 31일 신고인 품목에 대한 시장조사 결과 동 품목의 시장 평균단가가 신고인 단가 대비 15% 높은 수준이라고 하고(소갑 제14호 중), 2010년 2월 피심인 부품구매팀의 자료에 의하면 신고인 품목의 이원화 개발 시 16% 단가인상이 된다고 하고 있다(소갑 제13호 중). 따라서 B사 등 6개사에 대해 동 품목을 시장가격 수준으로 인상하여 발주하였다고 하는 것이 타당하다.

또한 피심인의 2008년 및 2009년도 구매, 원가절감 전략에 의하면 원가절감을 위하여 독점 품목에 대해서는 이원화 방안을 제시하고 있는 바, 독점 공급업체인 신고인을 배제하고 B사 등에 이원화 발주하고자 신고인과의 거래를 중단하였다고 판단할 수도 있

---

5) 신고인 말에 따르면 피심인의 권○○ 부장이 8% 만 인상해 주겠다고 하여 그 단가로는 더 이상 사업을 계속할 수 없다고 판단하고 거래중단을 결심하였다고 한다.

다.(소갑 제11호, 제12호 증)

셋째, 피심인은 2007년 및 2008년도 신고인의 영업이익률이 상당히 높으므로 2009년도에 피심인의 낮은 단가에 의하여 신고인의 경영이 악화된 것이 아니라 매출 감소 등이 원인이라고 하나, 2008년 신고인의 피심인에 대한 매출의존도가 82%이고 2009년에는 100%이므로 18% 정도의 매출 감소는 있었다고 보이나 그 정도 매출 감소로 회사가 사실상 폐업 상태에 빠진다고 하기 어렵다. 신고인의 피심인에 대한 매출의존도가 90%였던 2007년에 이미 단가 인하를 더 이상 할 수 없을 정도로 신고인의 단가가 열악한 상황이었고 동시에 시장 평균보다 15%나 인하된 단가에서 저러한 영업이익률이 나오는 것은 불가능하다. 따라서 이는 금융거래(대출)를 위해서 세무사 사무실에 의뢰하여 적자가 나지 않도록 의뢰한 결과라는 신고인의 주장이 타당하다고 하지 않을 수 없다. 또한 전반적으로 열악한 상황에 있는 자동차업종 2차 벤더의 실상과도 거리가 멀다.

3. 결론

따라서 위와 같이 검토해 볼 때, 피심인의 위 Ⅱ. 1.의 행위는 하도급대금을 결정하는 과정에서 피심인이 자신의 거래상의 지위를 이용하여 부당하게 낮은 가격으로 결정하는 행위이므로 법 제4조 제2항 제5호에 해당하여 같은 조 제1항에 위반되는 불공정 하도급 거래행위로 인정된다.

3. 검찰진술조서

(2018년 6월 공정위 재취업비리사건 참고인으로 검찰에서 조사받은 내용을 조금 간추리고 사실과 다른 부분은 조금 수정하였습니다)

성　　　　명 : 이 상 협

주민등록번호 :

직　　　　업 :

주　　　　거 :

등록 기준지 :

직 장 주 소 :

연　락　처 : (자택전화)　　　　　(휴대전화)

　　　　　　 (직장전화)　　　　　(전자우편)

위의 사람은 피의자 김○○ 등에 대한 공직자윤리법위반 등 피의사건에 관하여 2018. 6. 서울중앙지방검찰청 ○○○ 검사실에 임의 출석하여 다음과 같이 진술하다.

①피의자와의 관계

저는 피의자 김○○과 친인척 관계 등 아무런 관계가 없습니다.

②피의사실과의 관계

저는 전에 공정거래위원회에 근무하며 일광정밀이 신고한 하도급불공정거래행위사건을 조사한 사실이 있습니다. 이와 관련하여 진술하고자 참고인으로 출석하였는데 물으시면 사실대로 진술하겠습니다.

진술거부권 및 변호인 조력권 고지 등 확인

1. 귀하는 일체의 진술을 아니 하거나 개개의 질문에 대하여 진술을 아니 할 수 있습니다.

2. 귀하가 진술을 아니 하더라도 불이익을 받지 아니합니다.

3. 귀하가 진술을 거부할 권리를 포기하고 행한 진술은 법정에서 유죄의 증거로 사용될 수 있습니다.

4. 귀하가 신문을 받을 때에는 변호인을 참여하게 하는 등 변호인의 조력을 받을 수 있습니다.

문 진술인은 위와 같은 권리들이 있음을 고지 받았는가요?

답 예.

문 진술인은 진술거부권을 행사할 것인가요?

답 아니요.

문 진술인은 변호인의 조력을 받을 권리를 행사할 것인가요?

답 아니요.

이때 검사는 진술자 이상협을 상대로 다음과 같이 문답하다.

문 진술인이 이상협인가요?

답 예, 그렇습니다.

문 진술인이 오늘 검사실에 출석한 경위는 어떠한가요?

답 제가 전에 공정거래위원회(이하 '공정위' 라 함)에 근무할 적에 처리한 A정밀(대표이사 이○○)이 신고한 불공정하도급거래행위 사건 조사와 관련하여 진술하고자 임의로 출석하였습니다.

문 진술인은 공정위에서 근무한 적이 있는가요?

답 예, 19○○년 외무부에 입부하여 19○○년 공정위로 전입하여 근무하다 2017년 명예퇴직하였습니다.

문 진술인은 공정위에서 정년퇴직을 한 것인가요?

답 아니요. 정년 1년을 남겨놓고 명예퇴직하였습니다.

문 공정위에서 정년 전에 퇴직한 특별한 이유가 있나요?

답 어차피 퇴직할 시기도 되었고 쉬고도 싶었습니다.

문 진술인은 공정위 ○○○과에서 어떤 업무를 하셨나요?

답 제조하도급 관련 불공정거래행위 조사 업무를 하였습니다.

문 진술인은 A정밀을 아는가요?

답 제가 공정위 OOO과에서 근무할 때인 2013년 12월말경 A정밀이 자동차 부품 대기업인 M사를 상대로 불공정 하도급거래행위 등으로 재재신고(3번째 신고)한 사건을 제가 담당하여 조사한 사실이 있습니다.

문 A정밀은 어떤 회사인가요?

답 A정밀은 당시 경기도 안성에 소재하였고, M사로부터 자동차 브레이크 부품을 하도급 받아 제조, 납품하는 회사였습니다.

문 진술인이 담당한 A정밀 신고 사건의 요지는 어떠한가요?

답　M사가 원사업자라는 자신의 우월한 지위를 이용하여 A정밀에게 부당 단가인하 행위를 하였다는 것 등입니다.

문　진술인이 담당하기 전에도 A정밀에서 동일한 내용으로 신고를 한 사실이 있었나요?

답　예, 이전에 두 차례 신고가 들어왔었는데 심의종료로 종결되었습니다. 심의종료란 불공정행위 판단이 어려운 경우 등에 하는 것으로 사실상 무혐의로 보시면 됩니다.

문　진술인이 이 사건을 처리한 경위는 어떠한가요?

답　제가 2013년 12월경 A정밀로부터 접수된 신고서를 검토해 보니 이전에 사건 조사가 부실했다고 생각되어 조사에 들어갔습니다. 2014년 7월경 과천청사에 있는 공정위 서울사무소에서 M사측 윤○○ 과장 등 3명과 A정밀 이○○과 대질조사하였습니다. 대질조사를 해보니 M사에서 A정밀에 부품개발비 등을 지급하지 않았다기에 제가 "M사에서 개발비 등을 주지 않았으니 A정밀에 지급하고 사건을 원만하게 종결하는 것이 어떠냐"고 하였으나 M사측은 구체적 답변을 하지 않았습니다. 기다려도 M사로부터 별다른 소식이 없어 9월경 정식조사를 위해 M사 관계자를 불러 조사하려니까 "저희가 불편하게 해드려서 되겠습니까?"라고 말하면서 신고인과 합의를 보겠다는 식으로 이야기를 하여 시간을 주고 조사를 보류하였습니다.

　그러나 별다른 상황 진척이 없어 2014년 11월경 M사에 대해 자료 제출을 요구하는 등 본격 조사를 재개하였습니다. 해가 바뀌어 2015년 10월경 M사 등 10여 개 업체에 대해서 정기 직권조사를 하게 되었는데, 그때도 A정밀에 대한 하도급법 위반 증거가 나왔습니다. 그래서 지금껏 조사한 자료와 그때 확보한 자료들을 종합해서 심사보고서를 작성하기 시작하였습니다.

　심사보고서를 작성하고 있을 때 이○○ 과장은 "이 사건은 재신고사건 조사 시에 이미 심의종료(사실상 무혐의 조치)로 종결된 사건인데 왜 끝난 사건을 다시 하려느냐?" 하면서, "M사와 A정밀 간의 하도급법 위반 사건에 대하여 조사를 더 이상 하지 말라"는 취지로 말한 사실이 있습니다.

　그 뒤로도 지속적으로 증거가 안 된다는 등 조사를 더 이상 하지 말라는 뉘앙스로 계속 이야기를 하여, "부당단가인하 부분을 재신고 때 하지 않았기 때문에 그 부분은 조사를 해야 한다"고 한 적도 있습니다. 그러다 2016년 3월경 심사보고서 결재를 올려놓고 정기 인사발령으로 자리를 옮기면서 사건에서 손을 떼게 되었습니다.

　문　이○○ 과장이 지속적으로 진술인에게 이 사건을 조사하지 못하도록 한 이유는 무엇인가요?

　답　한 번은 제가 화가 나서 "도대체 왜 이렇게 사건을 못 하게 하는 것이냐, 사건조사를 못 하게 하는 사람이 누구냐?"고 물었더니, "직속 상사인 ○○○○국 국장인 김○○으로부터 이 사건에 관하여 전화 연락이 자주 온다"고 하였습니다. 이는 무혐의(심의종결)로 사건을 빨리 끝내라는 언질로 파악되었습니다. 그 뒤 이○○ 과장은 다른 부서로 발령받아 가면서 미안하다고 하였습니다.

문 2016년 1월 이후 이○○ 과장의 후임은 누구인가요?

답 박○○ 과장이 후임으로 왔습니다.

문 박○○ 과장은 진술인에게 이 사건을 조사하지 말라는 취지로 말을 하였나요?

답 그런 말은 들은 적이 없고 제가 작성한 심사보고서에 신고인 A정밀이 손해를 입은 금액에 대해 지급명령을 넣었는데, 부당단가인하는 금액 산정이 명확하지 않으니 그 부분만 빼자고 해서 동의를 하였습니다. 위원회에서 하도급법 위반으로 심결이 나면 신고인이 법원에 손해배상청구를 하면 되기 때문에 중요한 부분은 아니었습니다.

문 M사가 A정밀과 합의하지 않은 이유가 있는가요?

답 저도 그 이유는 모르겠습니다. 제가 하도급 사건을 많이 처리해 보았는데 대부분의 대기업들은 처음에는 합의를 안 보고 버

티다가 증거자료가 나오면 바로 합의하는 게 일반적입니다. 하지만 M사의 경우는 자기들이 합의를 하겠다고 하고서는 그러지 않았습니다. 합의를 하면 바로 사건을 심의종료하게 되니, 과징금도 시정명령도 부과되지 않고 언론 보도도 나가지 않게 때문에 피조사 기업 측에 유리한 면이 많은 데도 M사는 그러지 않았습니다.

문 진술인이 이 사건을 조사할 때에 사건에 대해 입을 다물지 않으면 어려울 수 있다는 식의 협박을 받았다고 했는데 사실인가요?

답 수사관이 오히려 흥분해서 이 부분에 대해서 진술을 해달라고 하는데 공정위의 치부가 너무 많이 드러나는 거 같아 창피하고 해서 그냥 넘어가자고 했습니다.(사건을 처리하다 보면 협박받는 일이 가끔 있다. 당사자 간의 이해가 첨예하게 갈리는 사건을 다루는 공무원의 운명 같은 거다 하면서.)

문 진술인은 2014년 12월 공정위를 퇴직한 김○○을 아는가요?

답 김○○은 ○○○국장을 마치고 퇴직한 것으로 알고 있습니다. 다른 직원들로부터 그 그룹 산하 대학교에서 교수를 한다고 들었습니다.

문 위 김○○이 그 그룹 소속 대학교에 재직하면서 김○○ 국장에게 이 사건조사를 못 하도록 요구한 것이 아닌가요?

답 2015년 가을에 M사에 대해 하도급법 위반 직권조사를 할 때에 위 김○○이 김○○ 국장에게 자주 전화를 하였다는 이야기를 동료 직원으로부터 들었습니다.

문 2016년 3월 이후 진술인은 후임 담당 조사관인 김○○에게 이 사건에 대해 업무 인수인계를 하였나요?

답 당시 공정위 내부 규정상 인사 이동이 있는 경우에는 업무 인계인수서를 작성하여 서명한 다음 후임자에게 넘겨주게 되어 있었습니다. 그래서 저도 이 사건을 포함하여 여러 사건을 정리한 업무 인계인수서를 작성하여 김에게 주었습니다. 그런데 며칠 뒤 김○○이 그 업무 인수인계서 내용을 수정하여 다른 내용을 인수인계서를 가져왔습니다.(업무 인수인계서는 인계자가 사인하여 주면 인수자는 그대로 사인해서 담당부서에 제출하지, 내용을 수정하지는 않습니다. 그럴 필요도 없습니다.)

문 김○○ 조사관이 작성한 업무 인수인계서에는 진술인이 작성한 M사의 불공정 하도급 거래행위의 (구체적) 부분이 전부 삭제되고 제목만 남아 있는데 그 사유는 무엇입니까?

답 이는 김○○이 저로부터 인계받은 M사의 불공정하도급거래 혐의가 인정된다는 심사보고서를 인계받았고, 증거자료가 어떤 것이 있다는 것을 숨기려는 의도로밖에 볼 수가 없습니다. 인사이동도 된 마당에 가타부타 할 필요도 없어서 김○○이 새로 작성한 인수인계서에 그냥 사인해 주었습니다.

문 당시 김○○에게 인수서 내용을 고친 이유에 대해서 물어보지 않았나요?

답 별도로 물어보지는 않았습니다. 누가 보더라도 M사의 불공정 하도급 거래행위 사건을 덮으려는 의도로 삭제한 것이 뻔한데 물어보면 입만 아프지요.

(원래 인수인계서에는, "M사의 불공정하도급거래행위 건은 일단 안건 상정 결재를 올렸음. 증거서류 중 소갑 4, 5, 6, 8, 9, 11, 13, 15, 16, 17은 포렌식 증거자료로 포렌식팀 강○○ 조사관이 다음주에 포렌식 자료가 맞다는 확인서를 주면 그 확인서를 각 증거자료에 덧붙여서 전체를 다시 PDF 파일로 만들어서 각 증거자료를 교체하면 됨. M사에서 사용인감 날인을 해주지 않아 이렇게 하는 것임", 이렇게 되어 있었는데, 변경한 인수인계서에는, "M사의 불공정 하도급 거래행위 건", 이렇게만 되어 있고 다 삭제됨. 그리고 피조사 기업이 자기들한테서 확보한 자료에 사용인감 날인을 해주지 않는 경우는 없음. 당시 M사는 무소불위의 상전 같은 존재였음.)

문 진술인이 작성한 심사보고서를 박○○ 과장에게 결재를 올렸나요?

답 예. 2016년 3월 인사 이동 전날에 내부 전자결재를 통해 M 사에 시정명령과 과징금을 부과하는 전자결재(증거자료, 심사보고서 등 첨부)를 올렸습니다.

문 이 사건은 2016년 9월 20일 김○○이 담당자로 심의 절차 종료로 처리되었습니다. 맞습니까?

답 예, 맞습니다.

문 그럼 그 심사보고서는 공정위에 보관되어 있겠네요?

답 제가 후임인 김○○에게 인계했고 감사담당관실 윤○○ 조사관에게 메일로 파일을 보내주었습니다.

문 더 하고 싶은 말은 없나요?

답 공정위가 정상적으로 돌아와서 중소협력업체들이 신뢰할 수 있는 기관이 되었으면 합니다.

—끝—

4. 아몰랑 감사관실

(2018년 10월 국정감사에서 지적되고 2019년 7월에야 국회에 제출한 감사관실 보고서입니다. 세세한 부분은 생략하고 줄기만 옮겼습니다.)

    감사관실이 감사한 것을 보면 신고서와 검토보고서(재신고), 심사보고서와 검토보고서(재재신고)를 단순비교만 해봐도 주요 핵심 증거들을 은폐하고 심의종료 처리한 것을 알 수 있는데(일주일만 하면 보고서 쓰고도 남을 일) 공정위 감사관실은 7~8개월에 걸쳐 조사하는데 '누구한테 물어보니 아니라고 하더라' 같은 식으로 면피용 감사만 하고 보고서를 작성합니다. 중요한 참고인한테 전화 한 통도 하지 않고 감사를 저렇게 마무리 짓습니다. 경주에서 자살한 최숙현 선수 사건을 감사한 체육단체와 똑같은 방식입니다. 직권조사 사건인 500억 원 감액 사건 무마 관련해서도 명백한 증거들이 있음에도 애써 못 본 체합니다. 핵심 비켜가기, 건너뛰기입니다. 국회를 완전히 무시하는 이런 엉터리 보고서를 국회의원에게 제출합니다.)

I. 감사 개요

□ 감사 배경

○ 2018년 국정감사에서 국회의원(자유한국당 성일종 의원) 지적 및 공정위가 ㈜M사의 불공정 하도급 사건을 처리함에 있어 증거 자료를 은폐하고 사건을 무마시켰다는 민원이 제기됨.

□ 감사 경위

○ 2017년 4월 : 재재신고에 대한 최초 민원 접수

Ⅱ. 주요 의혹 제기 내용

□ ㈜M사 불공정 하도급 거래행위 재재신고 사건 관련자가 증 거자료를 은폐하고 심의종료로 무마하고 업무 인수인계서를 조작 하였음.

□ ㈜M사의 불공정 하도급 거래행위 재재신고 사건처리와 관 련한 민원을 담당한 감사 담당자 윤○○은 전임자 이○○에게 관 련 내용을 확인하지 않고 오히려 협박성 발언을 하였음.

□ ㈜M사의 불공정 거래행위 직권조사 사건에서 500억 원 규

모의 감액 관련 증거자료를 은폐하였음.

Ⅲ. 감사 결과

1. 피조사인 인적 사항

소속	직급	성명	주요보직 경로
기업거래정책국	행정사무관	김○○	기업거래정책국, 신판관리관실
(퇴직)	(퇴직)	박○○	기업거래정책국
상임위원	고위공무원	김○○	경쟁정책국, 기업거래정책국
카르텔조사국	행정주사	윤○○	카르텔조사국, 감사담당관실
경쟁정책국	서기관	양○○	경쟁정책국, 유통정책관실
카르텔조사국	행정사무관	김○○	카르텔조사국. 기업거래정책국

2. 확인 결과

가. 재재신고 사건처리 관련

□ 담당자, 과장, 국장이 재재신고 사건을 처리하면서 관련 증거자료를 은폐하거나 사건보고서를 부당하게 작성, 검토, 처리하는 등의 행위는 발견하지 못함. 전임자로부터 인수한 자료와 원사건

및 재신고 사건을 모두 파악한 후 내부결재 과정을 거쳐 정상적으로 처리한 것으로 확인.

나. 재재신고 사건 업무 인계인수서 작성 관련

□ 김○○은 2016년 3월 21일 이○○으로부터 다음과 같은 업무 인수인계서를 받았음.

《㈜M사의 불공정 하도급 거래행위 건은 일단 안건 상정 결재를 올렸음.

– 증거자료 중 소갑 4, 5, 6, 8, 9, 11, 13, 15, 16, 17은 포렌식 증거자료로 포렌식팀 강○○ 조사관이 확인서(포렌식 자료가 맞다는)를 다음주에 주면 그 확인서를 각 증거자료에 덧붙여서 전체를 다시 pdf 파일로 만들어서 각 증거자료를 교체해야 됨.

– ㈜M사에서 사용인감 날인을 해주지 않아서 이렇게 하는 것임.

– 관련 파일은 D드라이브에 있음. 또한 문서는 4번 캐비닛에 있음.》

□ 김○○은 위 인계인수서를 박○○ 과장의 지시를 받아 다음과 같이 작성하였음.

〈㈜M사의 불공정 하도급 거래행위 건, 관련 파일은 D드라이브

에 있음. 또한 문서는 4번 캐비닛에 있음〉

□ (확인 결과) 김○○이 전임자로부터 받은 업무 인수인계서의 내용의 업무를 다시 작성한 행위가 업무 인수인계서 조작 행위 또는 업무 인수인계 규정 위반 행위에 해당한다고 보기 어려움.

다. 재신고 사건처리 관련
□ (확인 결과) 양○○이 재신고 사건을 처리하면서 관련 증거자료를 은폐하거나 부당하게 작성, 보고하는 등의 행위는 발견하지 못하였고, 정상적인 조사 및 내부 검토 과정을 거쳐 처리한 것으로 확인.

라. 직권인지 사건 처리 관련
□ (확인 결과) (주)M사의 500억 원 감액 관련 증거자료 은폐에 관해서는 전임자로부터 연도별 원가절감 계획 등의 자료가 포함되어 있었으나 이 자료만으로 법 위반 여부를 판단할 수 없어서 최종적으로 11개 수급 사업자에 대해 3억 원 정도의 감액 행위만 발견하여 제재하였음. 이 사건을 처리하면서 증거자료를 은폐한 사실은 발견하지 못하였음.

Ⅳ. 조치 의견 감사 결과

김○○, 박○○, 김○○, 양○○, 윤○○, 김○○의 비리행위 의혹은 무혐의로 판단됨.

5. 사건 부서의 현문막답

질의 및 자료 요구
【(주)M사의 불공정 하도급 거래행위에 대한 건】
(사건번호 : 2013제하0000)

위 건 관련해서 귀 위원회가 작성한 검토보고서(재재신고)에 대해, 그리고 마지막에 재신고검토보고서(사건번호 2012제하0000)에 대해 아래와 같이 질의하오니 관련 자료 등을 제출하여 주시기 바랍니다.

1. 2012년 5월 31일에 신고인, 피조사인 대질조사를 하였다고 되어 있으나(검토보고서 2페이지 상단), 신고인은 대질조사를 받은 적이 없다고 하는 바, 대질조사를 입증할 수 있는 자료 등을 제출하여 주십시오.

2. 2015년 9월 14일 및 2016년 8월 17일에 현장조사를 하였다고 하는 바(2페이지 상단), 각 조사 관련 문서(조사 기안문, 검토서 및 조사 결과 보고서 등)를 제출하여 주시고 2016년 7월 13일부터 검토보

고서를 작성하였다고 하는데 2016년 8월 17일에 현장조사를 나간 이유는 무엇인지도 말씀하여 주십시오.

  3. 2014년 3월 14일~2014년 12월 19일 및 2016년 6월 21일~2016년 7월 13일에 걸쳐 총 6차에 걸쳐 피조사인 소명자료를 받았다고 하는 바(2페이지 상단), 그 자료들을 제출하여 주시고 조사공문에 의해 자료를 제출받았다면 그 공문 및 관련 기안문도 제출하여 주십시오.

  4. 신고인의 (주)M사에 대한 거래의존도가 82~100%(2007~2009년)에 이른다는 인계받은 심사보고서 상의 증거자료들을 은폐하고 '합의서가 있어서 납품단가 인하가 강제성이 없다' 는 식으로 하고 있는 바(20페이지), 그 사유를 말씀하여 주십시오.

  5. '…설비의 상당 부분이 감가상각이 이루어져 고정비의 절감 효과로 인한 단가인하 효과도 있었을 것으로 판단된다'(21페이지 중단)고 되어 있는 바, 이 근거가 되는 감정서 등을 제출하여 주십시오.

  6. '그간 신고인에게 적용된 단가가 당사자의 합의 없이 일방적으로 결정되었다고 단정하기 어려운 점. … 대체 거래선의 단가

를 단가 결정의 부당성 여부를 판단으로 기준으로 하기는 곤란하다' (22페이지 하단)고 되어 있는 바, 이렇게 판단한 근거자료를 제출하여 주십시오. 대체 거래선과 동일 부품 시장의 차이는 무엇이라고 보십니까?

7. 2009년 6월경 신고인이 M사에 보낸 원가계산서 등에 의하면, 신고인은 적정단가보다 31%나 낮아 6억 5,000만 원에 달하는 운영자금을 대출받고 다수 직원들을 해고할 수밖에 없는 상황에 처했습니다. 이는 인계받은 심사보고서에 들어 있는 내용입니다. M사 같은 자동차 원청들은 하도급사 관리가 철저해서 하도급사의 원가를 속속들이 꿰고 있는 것은 상식입니다. 따라서 하도급사는 허위의 원가 계산서를 원청에 보낼 수 없는 것입니다. 이런 증거를 은폐한 이유가 무엇입니까?

8. '2007년도 이르면 신고인은 더 이상 단가인하를 할 수 없는 열악한 상태까지 이르렀다' (인계받은 심사보고서 6페이지)고 되어 있는 바, 검토보고서에서 이를 은폐한 이유는 무엇입니까?

9. 이 사건의 재신고 검토보고서(2012제하0000)에서는 신고서에서 증빙자료와 함께 신고인의 납품가와 다른 동종 부품사들의 단가가 1.5배 차이가 나는 관계로 부당 하도급 결정이라고 하였는데

이 검토서에서 이 부분을 완전히 빼버린 이유는 무엇입니까?

(아래는 여기에 대한 공정위 답변입니다. '제출 못 한다, 그런 적 없다'는 막무가내식입니다. 참고로 요구한 자료들은 이미 처리, 종결된 사건으로 정보공개법상 '의사결정 과정'에 있는 것이 아니므로 공개 대상입니다.)

자유한국당 성일종 의원

책임자	제조하도급개선과장 박○○
작성자	사무관 강○○
연락처	044-200-0000

위 건 관련해서 귀 위원회가 작성한 검토보고서(재재신고)에 대해, 그리고 마지막에 재신고 검토 보고서(사건번호 2012제하0000)에 대해 아래와 같이 질의하오니 관련 자료 등을 제출하여 주시기 바랍니다.

1. 2012년 5월 31일에 신고인, 피조사인 대질조사를 하였다고 되어 있으나(검토 보고서 2페이지, 상단) 신고인은 대질조사를 받은 적이 없다고 하는 바, 대질조사를 입증할 수 있는 자료 등을 제출하여 주십시오.

□ 당시 사건 담당자가 대질조사를 계획한 후 신고인 및 피조사인을 함께 소환한 것은 사실이나, 실제 조사과정은 개별면담으로 진행되었습니다.

○ 위 검토보고서의 검토 경위란에 기재된 일자에 조사를 진행한 것은 사실이나, '대질조사'로 기재한 것은 오기입니다.

> 2. 2015년 9월 14일 및 2016년 8월 17일에 현장조사를 하였다고 하는 바(2페이지 상단), 각 조사 관련 문서(조사 기안문, 검토서 및 조사 결과 보고서 등)를 제출하여 주시고, 2016년 7월 13일부터 검토보고서를 작성하였다고 하는데, 2016년 8월 17일에 현장조사를 나간 이유는 무엇인지도 말씀하여 주십시오.

□ 현재 관련 사건에 대한 재재재신고가 접수되어 내부 검토 중에 있으므로, 요구하신 조사 관련 문서는 내부 검토 중에 있는 자료로써 제출이 곤란함을 양해하여 주시기 바랍니다.

* '정보공개법'에서는 의사결정 또는 내부 검토 과정에 있는 사안은 비공개 대상으로 규정하고 있음.

□ 일반적으로 검토보고서 작성에 착수한 이후에도 사실관계의 확인 등 추가 조사의 필요성이 있다면 현장조사를 포함하여 조사를 진행하고 있습니다.

---

3. 2014년 3월 14일~2014년 12월 19일 및 2016년 6월 21일~2016년 7월 13일에 걸쳐 총 6차에 걸쳐 피조사인 소명자료를 받았다고 하는 바(2페이지 상단), 그 자료들을 제출하여 주시고 조사 공문에 의해 자료를 제출받았다면 그 공문 및 관련 기안문도 제출하여 주십시오.

□ 공정위의 공식적인 처분 결과에 관한 자료가 아닌 조사 과정에서 피조사인에게 발송한 자료 제출 요구 공문, 피조사인이 제출한 자료 등에는 기업의 경영상·영업상 비밀에 관한 사항은 물론 개인의 사생활 부분까지 포함되어 있어 제출이 곤란함을 양해하여 주시기 바랍니다.

* '정보공개법'에서는 법인의 경영상, 영업상 비밀에 관한 사항으로서 공개될 경우 법인 등의 정당한 이익을 현저히 해칠 우려가 있다고 인정되는 정보는 비공개 대상으로 규정하고 있음.

4. 신고인의 ㈜M사에 대한 거래 의존도가 82~100%(2007~2009)에 이른다는 인계받은 심사보고서 상의 증거자료들을 은폐하고 '합의서가 있어서 납품단가 인하가 강제성이 없다…'는 식으로 하고 있는 바(20페이지), 그 사유를 말씀하여 주십시오.

□ 공정위는 위 사건과 관련하여 조사 과정에서 수집한 자료, 관련 법리 등을 종합적으로 검토하여 결정하였으며, 내부 검토 과정에서 수집된 증거자료를 은폐한 사실은 없습니다.

5. '설비의 상당 부분이 감가상각이 이루어져 고정비의 절감 효과로 인한 단가인하 효과도 있었을 것으로 판단된다'(21페이지 중단)고 되어 있는 바, 이 근거가 되는 감정서 등을 제출하여 주십시오.

□ 공정위는 조사 과정에서 수집한 자료, 관련 법리 등을 종합적으로 검토한 후 위와 같이 판단을 한 것이며, 판단에 고려되었던 개별 자료에 대하여는 제출이 곤란한 점을 양해하여 주시기 바랍니다.

6. '그간 신고인에게 적용된 단가가 당사자의 합의 없이 일방적으로 결정되었다고 단정하기 어려운 점 (…) 대체거래선의 단가를 단가 결정의 부당성 여부를 판단하는 기준으로 하기는 곤란하다"(22페이지 하단)고 되어 있는 바, 이렇게 판단한 근거 자료를 제출하여 주십시오. 대체거래선과 동일부품시장의 차이는 무엇이라고 보십니까?

□ 공정위는 조사 과정에서 수집한 자료, 관련 법리 등을 종합적으로 검토한 후 위와 같이 판단한 것이며, 판단에 고려되었던 개별 자료에 대하여는 제출이 곤란한 점을 양해하여 주시기 바랍니다.

7. 2009년 6월경 신고인이 M사에 보낸 원가계산서 등에 의하면, 신고인은 적정 단가보다 31%나 낮아 6억 5,000만 원에 달하는 운영자금을 대출받고 다수 직원들을 해고할 수밖에 없는 상황에 처했습니다. 이는 인계받은 심사보고서에 들어 있는 내용입니다. 만도 같은 자동차 원청들은 하도급사 관리가 철저해서 하도급사의 원가를 속속들이 꿰고 있는 것은 상식입니다. 따라서 하도급사는 허위의 원가계산서를 원청에 보낼 수 없는 것입니다. 이런 증거를 은폐한 이유가 무엇입니까?

□ 공정위는 위 사건과 관련하여 조사 과정에서 수집한 자료, 관련 법리 등을 종합적으로 검토하여 결정을 하였으며, 내부검토과정에서 수집된 증거자료를 은폐한 사실은 없습니다.

8. '2007년도 이르면 신고인은 더 이상 단가 인하를 할 수 없는 열악한 상태까지 이르렀다'(인계받은 심사보고서 6페이지)로 되어 있는 바, 검토보고서에서 이를 은폐한 이유는 무엇입니까?

□ 공정위는 위 사건과 관련하여 조사 과정에서 수집한 자료, 관련 법리 등을 종합적으로 검토하여 결정을 하였으며, 내부 검토 과정에서 수집된 증거자료를 은폐한 사실은 없습니다.

9. 이 사건의 재신고 검토보고서(2012제하0000)에서는 신고서에서 증빙자료와 함께 신고인의 납품가와 다른 동종 부품사들의 단가가 1.5배 차이가 나는 관계로 부당하도급결정이라고 하였는데, 이 검토서에서 이 부분을 완전히 빼버린 이유는 무엇입니까?

□ 공정위는 위 사건의 '부당한 하도급대금 결정 여부'에 대한 결정과 관련하여 신고서에 기재된 신고 내용을 비롯하여 조사 과정에서 수집한 자료 및 관련 법리 등을 종합적으로 검토하여 결정하였습니다.

○ 공정위 검토보고서는 조치 여부를 결정하기 위한 내부 검토 자료에 불과하며, 조사 과정에서 파악된 모든 내용을 기재하지는 않습니다.

6. 비 올 때까지,
무혐의 될 때까지

공정위 감사관실이 한 것을 보면 신고서와 검토보고서, 심사보고서와 검토보고서를 단순비교만 해봐도 주요 핵심 증거들을 은폐하고 심의종료로 처리한 것을 알 수 있는데(일주일만 하면 보고서 쓰고도 남을 일) 공정위 감사관실은 7~8개월에 걸쳐 조사를 하는데 '누구한테 물어보나', '아니라고 하더라' 등등 면피용 감사만 하고 보고서를 작성합니다. 중요 참고인한테 전화 한 통도 안 하고 감사를 저렇게 마무리 짓습니다. 경주시청 체육인 최숙현 씨가 자살한 사건 관련해서 체육단체 등이 벌린 '아몰랑' 감사를 생각하시면 됩니다.

500억 원 상당의 하도급법상 감액 관련 증거에 대해서도 인계받지 않았다는 거짓말을 아무렇지 않게 합니다. 포렌식 조사 증거인 만큼 관련 파일들이 포렌식 팀 대형 컴퓨터에 당연히 있고, 또 인계한 저의 업무용 컴퓨터에도 말한 것이 빠짐없이 들어 있고, 또한 인계한 신고 사건 심사보고서 증거 중 매출 차감 목록이 그 증거인데 전부 애써 무시합니다.

이런 국회를 완전히 무시하는 엉터리 보고서를 국회의원(국민의 힘 성일종 의원)에게 제출합니다. 명백한 증거들이 있음에도 애써 못 본 체합니다. 핵심 비켜가기, 건너뛰기입니다. 마치 밥을 떠먹여 주어도 못 먹는 말기암 환자와 같은 상태입니다. 눈앞에 증거가 있는데도 애써 외면하는 저런 행태들로 인해 얼마나 많은 중소 사업자들이 피눈물을 흘렸겠습니까. 오죽했으면 착하디착한 분들이 휘발유를 공정위에 가지고 가서 불을 지르고 싶다고 할까요.

사건 담당 부서의 사건 처리를 보면, 동종 업종에 비해 단가가 무려 50%가 낮다는 부당 단가인하 혐의 증거를 은폐하고 심의종료로 처리합니다(2차 신고).

심사보고서에서 신고인이 더 이상 단가인하를 할 수 없는 열악한 상황이고, 피신고인인 M 대기업 자료로도 동종 업체들보다 15%나 단가가 낮으며 M 대기업에 대한 매출 의존도가 80% 이상에 달하고, 신고인은 지속적 단가 압박에 시달려 급기야 신고인이 M 대기업에 보낸 원가계산서에 의하면 적정단가 대비 30%까지 단가가 낮아져서 직원 해고 등 파산 상황으로 내몰린 증거들이 있음에도, 이들 전부를 은폐 또는 왜곡하고서는 합의서가 있네 없네 하면서 법적 논리라고는 전혀 찾아볼 수 없는 수필을 써서는 심의종료로 처리합니다(3차 신고).

이러고도 이 사건에 대해 공정위가 2020년에 성일종 의원실 등에게 한 소명(?) 내용입니다.

(공정위 기업협력국 K 서기관)

①민사(고등법원)에서 A 대기업 이겼다 ≫ 공정위는 독자적인 조사기관이니까 조사한 것을 토대로 판단을 내립니다. 민사재판 결과는 참고사항일 뿐입니다. 민사재판 결과가 결정적이라면 공정위 사건 절차 규칙에 그렇게 규정이 되어야 합니다.

② '연례적인 단가인하' 라서 문제가 안 된다 ≫ 연례적이냐 아니냐는 부당 단가인하 요건과 아무 관계없습니다. 연례적이라도 요건에 해당되면 하도급법 위반이 됩니다. 연례적으로 살인을 하면 살인죄에 해당 안 된다는 황당한 논리입니다.

③전임자가 허술하게 조사해서 심의종료할 수밖에 없었다 ≫ 전임자가 준 인수인계서에서 증거와 심사보고서 부분을 삭제하는 등 인수인계서도 조작하고, 나아가 그 관련 증거들을 실제로 은폐하고 심의종료 처리해 놓고서 저렇게 태연하게 거짓말을 합니다.

④마지막으로, 하도급법 23조(조사대상거래의 제한)은 3년이란 시

효 규정입니다. 거래가 끝난 지 3년 내에 신고를 해야 한다는 것이지요. 그 기간 안에 신고만 하면 조사하는 데는 기간 제한 없다고 되어 있습니다. 설령 그렇다 해도 증거 은폐를 하고서 무마한 이 사건과는 아무 관계없는 주장입니다.

그런데 공정위는 이 사건을 제대로 조사하려면 3년 이전 것까지 조사를 해야 하는데, 하도급 조사 대상 기간이 3년이라서 그 이상을 하려면 법률 개정이 있어야 한다며 하도급 사업자 위해 주는 척 아예 쇼를 합니다. 실상은 사건을 영원히 해결되지 못하도록 늪지대에 빠뜨려 넣겠다는 속셈이지요. 중소기업부의 상생법으로 다시 신고해 보라는 따뜻한(?) 조언도 열심히 해줍니다. 이 역시 늪지대에 빠뜨리겠다는 속셈입니다. 10년을 하도급법으로 조사, 검토해 놓고 이제는 이 법으로 안 되니 저 법으로 해보라고 마음 내키는 대로 내지릅니다. 이젠 별별 거짓말을 다 합니다.

무혐의, 심의종료 될 때까지 아무거나 내지르는 식의 인디언 기우제도 이 정도면 월드 베스트 급입니다.

이렇게 하고서는 이전의 사건과 사실관계가 다른 것이 없다 하여 또 심의종료합니다(4차 신고). 주요 핵심 증거들을 은폐했으니 사실관계가 명백히 다른데도 역시 배째라는 식입니다.

공정위의 이런 논리(?)에 성일종 의원실(K보좌관)도 적극 찬성, 옹호하였습니다.

K보좌관이 처음 듣는 희한한 논리를 제시하며 M사를 옹호하더군요. 그래서 내가 "그러한 논리는 지난 수년간 M사의 고문 로펌조차도 제시하지 않았다"라고 하니 그는 로펌도 몰랐을 수 있지 않느냐고까지 말하였습니다.

이 사건은 P비서관이 맡아서 오랜 기간 공정위에 자료요구도 하면서 성실하게 관리해 왔습니다. 그 기간 P비서관은 이 사건에 대해서 부정적으로 이야기한 적이 단 한 번도 없었습니다. 그런데 갑자기 K보좌관이 개입하여 사건을 저런 방향으로 몰고 갔습니다. 마치 어디로부터 사건을 무마하라는 미션을 받고 개입한 듯한 인상을 주었습니다.

한편, 공정위 K서기관은 이런저런 논리(?)가 딸린다고 생각했는지 안 먹힌다고 생각했는지, 아니면 확실하게 매듭을 지어야 한다고 생각했는지 이번에는 신고인이 악덕 신고인이라는 소문을 국회 구석구석에 내고 다닌다는 소리가 들렸습니다. 이와 관련해서 K서기관에게 확인 문자를 보냈으나 묵묵부답입니다.

K 서기관은 동기들 중 가장 먼저 서기관 승진을 하였다고 합니다. 내가 보기에 공정위에는 사건 무마에 특화된 직원들이 있습니다. 간부들의 지시(암시)를 받아 중요 사건을 덮는 것을 주 전공으로 히머 그 대가로 승진, 보직, 성과급 그리고 퇴직 후의 재취업 등

에서 우대를 받는 흐름이 있다고 봅니다. 그러니 이들은 미션을 받으면 눈에 불을 켜고 돌진합니다. 이익이 눈 앞에 보이거든요. 하지만 직원들 대부분은 사건 무마 지시를 받으면 강압에 눌려서 또는 예상되는 불이익을 피하려고 어쩔 수 없이 한다고 생각합니다. K 서기관이 이러한 유형에 속해서 우수한 근평을 받았는지, 아니면 탁월한 업무성과로 그렇게 되었는지는 본인과 공정위 일부만 알고 있을 것입니다.

입만 열면 '사람 사는 세상'을 떠벌리는 민주당도 별로 다를 게 없습니다. 이 사건을 2020년 국정감사 안건으로 할 거라고 민주당 정무위 전재수 의원실의 J비서관이 몇 달에 걸쳐 의욕을 가지고 준비하였습니다. 그런데 국감을 목전에 두고 갑자기 취소되었습니다.

지난 5월 민주당 을지로위원회 위원인 김병기 의원실에서 연락이 와서 국회로 갔습니다. 자료를 드리면서 설명했습니다. 김병기 의원은 "공정위가 설마 그렇게 했겠느냐며 믿지 않는 사람들도 많다. 그리고 양쪽의 주장이 팽팽하여 사건담당자의 말을 듣고 싶었다"고 하기에, "공정위가 본격적으로 망가지기 시작한 건 이명박·박근혜 대통령 때부터라고 본다. 지금도 그 추세가 진행되는 것이라고 보면 된다. 이건 어려운 사건 아니다. 증거 은폐 건이니까 앞

뒤 자료를 비교해보면 '아, 이런 증거를 은폐했구나' 하는 걸 알 수 있다. 무리한 단가 인하로 하도급업체 사장이 자살하는 종류의 사건과 비슷한 것이다. 그런 사건을 증거로 잡은 것이다"라고 말하고, 그것을 입증하는 자료를 건네자 옆에 있던 보좌진이 보고는 "M사 하도급업체 중 그 뒤에 이런 사네가 또 있느냐"고 묻길래 "그건 모른다"고 했습니다.

그리고 이어서 "M사에서 확보한 증거자료에는 신고인이 15% 정도 같은 업종 회사들보다 단가가 낮다고 되어 있는데 실질적으로는 30%로 보아야 한다. 왜냐하면 신고인이 M사에 당시 제출한 원가계산서에 의하면 그 정도 단가가 낮은 걸로 나온다. 원청기업은 하청기업의 재무구조를 훤히 파악하고 있기 때문에 거짓말을 못 한다. 원청기업은 1년에 한두 번 정기적으로 하청기업의 재무 상태 등에 대한 실사도 한다. 이는 당시 M사가 신고인의 원가계산서에 대해 반박을 하지 않은 걸로 봐도 알 수 있다"고 추가로 말했습니다

옆에 있던 보좌진들의 민사소송 문제 관련 질문에는 "이는 새로운 증거에 의한 거니까 민사소송과는 전연 관련이 없다"고 답변했습니다. 그 외 몇몇 소소한 질문에 답했습니다. 전체적으로 인정하는 분위기였습니다.

마치면서 김병기 의원은 더 궁금한 거 있으면 전화를 하겠다고 하였습니다. 그 뒤 공정위의 K서기관과 J과장이 와서 읍소하다시피 한 이후 분위기가 바뀌었다는 말이 들렸습니다. 지금까지 전화는 없었습니다.

국회의원들에게 대기업 갑질 사건을 호소해 본 중소사업자 분들이 공통적으로 하는 이야기가 있습니다.

"처음에는 도와주는 척하다 언론플레이 등을 통해 자신의 치적(?) 홍보를 끝내고 나면 슬며시 발을 뺀다는 거죠. 또 한 전직 국회의원 보좌관은 이렇게 말했습니다. 예광탄을 쏘면(사건을 제대로 조사하는 척하면) 연관된 대기업 등이 그 불빛을 보고 로비를 하러 달려온다. 그럼 슬며시 사건을 묻는다."

정치권과 공정위, 대기업의 이런 공생 관계에 썩은 내가 나지 않는 게 이상할 거고, 그런 복마전 속에 죽어 나가는 게 누군지 삼척동자도 아는 사실 아니겠습니까?

7. 일광정밀 이재만 사장의 인생 이력서

저는 1950년 초반에 경남 통영시 광도면에서 태어났습니다. 먹고살기 어려운 시절에 어렵던 집안이라 기술을 배워야겠다고 마음먹고는 책가방을 던져 버리고 19살 때 서울로 무작정 올라왔습니다. 동대문구 신설동에 있는 진성정밀공업사에서 일을 하면서 금속기술자인 재일교포 하영근 씨로부터 기술을 배웠습니다. 진성정밀은 고 정주영 현대회장이 운영한 신설동 현대 정비공장 부근에 있었습니다.

그러다 1975년경 회사를 차리게 되었습니다.

1982년 어느 날 당시 M기계 안양공장 공조사업부에서 자동차 오일쿨러에 적용되는 BOSS 부품의 개발 의뢰가 들어왔습니다. 당시 일광정밀은 법인사업체도 아닌 일광공업사였습니다.

엔지니어 마인드를 가진 기업인이라면 한국의 유수한 자동차 부품기업이고 ○○자동차와 가까운 관계인 ○○그룹 계열사인 당시 M기계와 거래하지 않을 기업이 누가 있었겠습니까?

온갖 기술을 다 동원하여 양질의 부품 생산에 최선을 다하였습니다. 이로 인한 신용이 바탕이 되었는지 자동차 라디에이터 공조 사업부와 거래를 하다 브레이크를 생산하는 제동사업부까지 거래를 하게 되었습니다.

브레이크 사업부와는 2010년 6월경까지 120개 이상 부품을 개발 생산하여 납품을 하여 왔습니다.

기존 개발 생산품은 최선을 다하여 공급에 차질 없게 해왔으며 새로운 개발품은 의뢰가 올 때마다 최대한 비용을 절감하면서 생산하여 거기서 생긴 이익을 재투자하였고, 개발투자 금액이 부족할 땐 돌아가신 부모님의 유산인 자갈논밭까지 팔아서 투자하여 M사의 하도급업체로서 최선을 다하여 왔습니다.

하지만 자동차 하도급 협력업체로서의 애로사항은 엄청났습니다. 해마다 깎아내리는 단가인하는 2중고 3중고였습니다. 적자 운영이 지속되니 그때그때 부도는 닥쳐오고 이를 막기 위해 금융권의 대출까지 받아야 했습니다. 생사고락을 같이 하여 온 가족 같은 직원들 생각에 잠 못 드는 밤이 하루 이틀이 아니었습니다.

대출을 받아 운영을 하니 일정기간은 한숨을 돌렸으나 수혈은 잠시뿐! 금융권의 이자 독촉, 직원 급여, 회사 운영관리비, 원자재비 및 운영상의 자금 압박으로 인하여 극도로 경영이 어려워졌습니다. 그리하여 모기업인 M사에 운영상의 애로 상황을 이야기하고 적자 부분만이라도 단가인상을 하여 주면 가족 같은 직원들과 최선을 다해 하도급 업체로서의 역할을 다 하겠다 하였으나 M사의 돌아온 답은 항상 단가 인상은 불가하다는 통보였습니다.

이런 결과로 가면 파산의 길뿐이었고 이 길이라면 죽으라는 거나 마찬가지라 생각되어 최선의 협상에 임하였으나 납품단가 인상은 항상 불가하다고 하였습니다.

부모님 유산의 자갈논밭을 팔고 은행 대출까지 받아서 가져다 바쳤으나 돌아온 건 파산 위기뿐이었습니다. 직원들을 위해서라도 일생일대의 결단이 필요하였습니다.

2009년 6월경 M사에 마지막이라 생각하고 공문을 발송하였습니다. 일광정밀이 인상하여 달라는 인상분은 돈을 벌겠다는 것이 아니라 직원들과 함께 일할 수 있는 최소한의 현상유지를 위한 것이라 하였으나 역시 답은 인상불가였습니다.

M사에 보내는 마지막 공문에서 현재의 납품단가로는 회사를 지탱할 수가 없고, 제품 공급이 어려우니 당사가 요청한 가격으로 인상을 하여 주시든지 아니면 계속되는 적자로 경영이 힘드니 120여 종의 제품을 회수하여 가라고 하였습니다. M사는 회수하여 간다고 하였습니다.

그렇게 M사로부터 통보에 대한 답을 듣고 난 뒤, 직원들에게 눈물의 이별 통보를 하였습니다. 현재까지 M사와의 협상을 설명하고 두 달의 기간을 드릴 테니 이직을 권고하였고 퇴직금 포함 약간의 위로금을 주었습니다. 이별하면서 다시 만나자고 했습니다.

이후 M사는 당사가 납품하던 생산라인에서 필요한 것을 회수하여 가겠다고 연락이 왔습니다. 약속된 날짜에 당사 사무실에서 협의에 들어갔습니다. 협의 내용은 제품을 만들기 위해 당사가 투자한 장비 및 완제품(전용장비, 제품 팔레트, 검사 장비, 비품, 소재, 완제품) 등이었습니다.

협의에서 M사는 오늘은 완제품만 회수하고 나머지(전용 장비, 제품 팔레트, 검사 장비, 비품, 소재)는 10일 안에 다시 만나 협의하자고 하였습니다. 하지만 M사는 그 이후 연락이 없었습니다. 방법이 없고 난감함이 이루 말할 수가 없었습니다.

경찰 또는 검찰에 고발할 수도 없고 고민을 하던 중 어느 지인이 말하기를 공정거래위원회가 있는데 이 위원회에 신고하면 '을'의 눈물을 닦아준다 하였습니다. 익히들어 본 위원회였고, 해서 공정거래위원회에 신고를 하게 되었습니다.

(2010년 10월 13일 1차 불공정행위로 신고)

1차 신고 공정위 조사관은 전○○ 조사관과 과장 김○○였으나, 전○○ 조사관은 대질조사 한 번 없이 무혐의 및 심의종료로 처리해 버렸습니다.

(2011년 12월 13일 1차 불공정하도급으로 신고)

이때 조사관은 연○○ 조사관과 과장 박○○이였으나 역시 똑같은 방식으로 대질조사 한 번 없이 무혐의 및 심의종료로 처리해 버렸습니다. M사 손을 들어주었습니다.

그 뒤 로펌을 통해서 재신고(하도급 2차 신고)를 하였습니다. 이때
는 우리 회사 단가가 같은 업종의 다른 회사 단가보다 50% 정도나
낮다는 증거를 부당단가인하의 사유로 하여 신고를 하였습니다.
그런데도 심의종료 결과가 나왔습니다.

뒤에 알고 보니 공정위는 이 증거들은 은폐하였습니다. 공정위
가 증거를 은폐하면서까지 사건을 조작하리라고는 정말 상상도 못
했습니다.

공정위가 계속하여 심의종료로 일관하는 와중에 저는 민사소송
을 제기하였습니다. 이유는 공정위가 계속해서 대기업 손만 들어
주었고 현장조사, 대질조사, 거래 관련 서류조사 등등을 한 번도
하지를 않아서 믿을 수가 없었기 때문입니다.

법원은 재판을 할 때마다 기일을 연기하면서까지 공정위에 의견
등을 요청하였으나 공정위가 협조하지 않아서 소송에서 패소하고
말았습니다. 국가 기관인 공정위가 대기업 봐주기로 작심한 게 아
니면 왜 법원에 의견 등을 제출하지 않았을까 하는 생각이 듭니다.

공정위의 대기업 봐주기 조사 때문에 일광정밀은 길거리로 내몰
리고 전 재산을 잃어버렸습니다. 국가기관에 진의를 밝혀 달라고
신고한 사건을 공정위가, 국가기관이 덮어 버리면 국가의 존재가
치는 어디에 있습니까. 이것이 이 정부가 청산하자고 한 적폐청산

입니까?

(2013년 11월 21일 3차 신고)

이때 조사관은 이○○ 조사관이었는데 1차 조사, 2차 조사가 잘못되었다고 판단이 되었는지 거래사항을 상세하게 확인하였고, 거래 당시 자료 요청과 현장 답사 및 누차의 조사를 받았고 공정위에 출두하여 달라기에 가서 M사의 관계자와 대질신문을 하였는데, 그때 개발비 등을 왜 지급하지 않았느냐는 조사관의 질문에 M사측은 신고인이 지급 요청하지 않아서 주지 않았다고 했습니다.

그러자 조사관이 지급 사유가 있으면 지급해야지 지급 요구가 없다고 지급 하지 않았다는 것이 말이 되느냐 하자 M사측은 아무 말도 못 했습니다. M사의 불법거래가 상당부분 있다고 말씀하시며 양사 간 잘 정리되기를 바란다는 조언도 있었습니다.

이 사건도 역시 심의종료로 처리 되었습니다.

M사가 속한 그룹은 1997년 IMF 당시 방만 경영으로 그룹이 해체되는 위기까지 갔으나 천문학적 공적자금 지원받아 살아난 기업이므로 모범적 기업 윤리관으로 하도급 업체들과 공생하며 국가 경제에 모범이 되고 이바지해야 할 기업입니다.

감사합니다.

일광정밀(주) 대표이사 이재만 拜

제2부
청와대 신문고
- 50억 재산
날리고

1. 50억 재산 날리고 콘테이너에

(○○ 중공업의 아파트 등 공사를 여러 차례 하도급 받아 공사를 한 결과 50억 규모의 공장, 집 등을 다 날리고 자신의 옛 공장 부지 옆 하천부지를 일부 임대하여 컨테이너를 놓고 거기에 7순의 노인이 혼자 살고 있습니다. 자살하려고도 생각하셨답니다.)

2. 청와대 신문고
– 나의 작은 소망

청와대 신문고(2016년 8월 17일)

안녕하십니까? 저는 2011년과 2014년에 ○○중공업 하청 일을 한 하청업체 ○○건설㈜ 대표 ○○○이라고 합니다. 저는 어릴 적 중동에 나가 막노동으로 돈을 벌어 공사 현장에서 제 팀을 꾸려 일을 하였고, 그 후에 ○○건설을 1995년에 설립하여 건설 하청 일을 하였습니다. 16년 동안 건설한 회사였습니다. 1997년과 2007년도에는 대한주택공사에서 상도 받았습니다.

그러나 ○○중공업과 일하게 되면서 16년간 모아온 재산 50억을 날리게 되었습니다. 저는 2011년 ○○중공업 공무과장 ○○○의 소개로 ○○중공업 일을 하게 되었습니다. 처음 하는 대기업과의 일이라 저는 회사를 더 크게 키울 수 있을 거란 생각을 했습니다.

그러나 공사를 진행하다 보니 공사에 들어가는 금액에 비해 공사비 책정이 터무니 없이 적었습니다. 공무과장은 작은 공사라 어쩔 수 없다며 다음에는 더 큰 공사를 주겠다며 저를 딜랬습니다.

그렇게 해서 받게 된 공사가 2011년에 LH에서 진행한 고양 삼송지구, 파주 운정지구였습니다.

큰 공사라 들어가는 돈이 많아 빚을 지게 되었지만 정산할 때 다 메워 준다고 약속하였고, 그동안 다른 회사와 일을 하였을 때도 다 그렇게 해주었기 때문에 ○○중공업을 믿고 일을 진행하였습니다. 공사를 진행하는 중간중간 정산이 늦게 되었지만 저는 열심히 일했습니다. 그들이 기성금에 대한 영수증을 미리 끊어 달라고 요구할 때에도 들어주고, 중간 중간 금품을 요구할 때도 들어주고, 돈을 준다며 골프라운딩 예약을 요구해도 들어주었습니다.

(제가 가진 회원권은 회원이 라운딩할 때 같이 있어야만 이용할 수 있는 곳이었습니다. 저는 돈을 준다는 이야기를 하여서 예약을 하였지만 나중에 준다고 하고 한 번도 돈을 준 적이 없었습니다. 나중에는 골프 라운딩 금액이 1억에 가까워 제가 돈을 달라 요구하니 저를 명예훼손과 공갈 협박으로 고소하여 경찰 조사도 받았습니다. 현재는 무혐의 처리되었고 저는 한진 감사실에 그 직원 ○○○에 대해 말하였는데 감사실에서 조사를 받을 때 회사를 위해서였다, 회사와 관련된 사람들과 같이 간 것이다라고 말했다고 들었습니다. 그런데 오히려 회사는 허위사실유포로 인한 명예훼손으로 저를 고발한 상태입니다.)

공사를 진행하여 부족한 금액을 빚을 내어 진행하였고 나중에는 이자에 치여 회사가 휘청거리게 되었습니다. 제가 불만을 이야기하자 공사 중간에 더 큰 수원 세류지구 공사를 준다고 말하였습니다. 저는 그 제의를 받아들였고 세 곳의 공사를 동시에 진행하게 되었습니다. 공사를 하며 받은 돈이 부족했지만, 저를 믿고 물건을 대준 납품업자들과 열심히 일을 해준 근로자들에게 돈을 주기 위해 빚을 내야 했습니다.

마지막에 부족한 금액을 채워 준다고 걱정 말라고 저에게 말을 하였고, 지금껏 일을 해왔던 다른 회사들도 그래 주었기 때문에 힘이 들지만 열심히 일을 하였습니다. 그러나 정산을 할 때에 '이곳은 금액이 적으니 다음에 끝나는 공사에서 돈을 주겠다' 라고 말하고 도장을 찍게 하고 또 다음 공사도 그렇게 말을 하고, 마지막 수원세류지구 공사 때는 제가 도장을 안 찍고 버텼지만 그동안 쌓여온 이자로 인해 회사가 제 기능을 상실하게 되고, 납품업자와 노동자들의 원성에 밀려 결국 또 도장을 찍고 말았습니다.

저는 이러한 불공정 부분에 대해 공정거래위원회에 신고를 한 상태지만, ○○중공업에서 자료를 늦게 주고 공정거래위원회의 일이 많아 아직도 대기하고 있는 실정입니다. 거기다 ○○중공업에서는 자신들이 잘못한 것으로 나와도 재판을 할 것이며 절대 인정하지 않겠다며 저를 협박하고 있습니다.

현재 제가 가지고 있던 땅과 집은 이자에 치여 경매에 넘어가게 되어 저는 빚만 남은 상태입니다. 가족들이 살고 있는 집이 다음달 2차 경매에서 낙찰되면 저희 가족은 월세방으로 쫓겨나게 됩니다.

제발 힘없는 저를 도와주십시오. 저는 괜찮습니다. 아내도 괜찮다고 합니다. 우리야 조금씩 벌어서 살면 되지만 저를 믿고 전세금과 빚까지 내준 제 딸과 사위 그리고 어린 손주들은 어디로 가야 합니까.

저는 공정거래위원회에 총 6가지를 고발하였습니다.

1. 공상처리비와 안전관리비를 하청업체에 떠넘기고 주지 않았습니다.

2. 나라에서 주는 물가연동제(ESC)를 정해진 퍼센트 비율보다 적게 책정하여 하청업체들에 나누어 주었고, 마지막 공사에서는 물가 운동을 공사가 끝난 뒤에 신청하고 하청업체에게 알리지도 주지도 않았습니다. 이 부분에서 LH는 대기업의 관리감독을 제대로 하지 않았습니다. 제가 여러 번 전화했는데 오히려 ○○중공업의 편을 들었습니다.

3. 대기업 갑이라는 위치를 이용하여 을에게 금품이나 여행경비 및 골프 라운딩 예약 요구 등을 하였습니다. 우리 회사에만 그런 것이 아니라는 이야기도 들었습니다.

4. 정산을 미루어 하청업체가 휘청거리거나 어려울 때 적은 금액을 제시하여 울며 겨자 먹기로 합의를 하게 하였습니다.

5. 간접비 등을 속이고 계약시 표준계약서 외에 특기시방서를 두어 불공정한 계약을 하게 하였으며 내역을 속여 LH에서 받고 하청업체에는 주지 않았습니다.

6. 나라에서 운영하는 공정거래위원회의 서류 요구를 무시하거나 늦게 주어 일의 진행을 어렵게 하였고, 공정거래위원회의 결과에 승복하지 않을 거라는 이야기를 하였습니다.(저에게는 공정거래위원회에 가서 결과가 나오면 승복하고 무조건 돈을 주겠다라고 말하였습니다). 하지만 인정을 하지 않고 있습니다. 제발 저의 억울함을 풀어 주십시오.

3. 공정위에 정보 공개 청구하니 이런 기막힌 답변이!

김○○ 사무관님께

○○중공업의 하도급법 위반 관련하여 추가 자료를 제출하니 잘 검토하여 주시고 관련 검토보고서를 공개하여 주시기 바랍니다.

[붙임1]은 청와대 신문고에 2016년 8월에 게시한 자료로 ○○중공업이 어떻게 ○○건설을 알곡 털듯이 털었는지 그 경과가 잘 드러나 있습니다. 100만 원짜리 공사라고 했는데, 해보니 200만 원이 들어가는 전형적인 건설 하도급의 부당단가인하 행위(부당하도급결정행위)입니다. 사안의 악질성 정도로 보아 현장조사가 반드시 필요하다고 생각합니다. 특히 ○○중공업 공무과장 이○○에 대해서는 대질심문을 요청합니다.

[붙임2]는 '한국종합기술 강동사옥 신축공사 외 2건'의 신고 사건에 대한 공정위의 최초 사건처리결과통지 문서입니다. 여기서 보면, '2. 피조사인이 귀사에게 지급한 금액에 비해서⋯'로 되어

있습니다. 더 많은 일을 시키고 그에 대해 대금을 지급하지 않는다면 하도급법상의 서면미교부(추가공사 부분에 대한)와 대금 미지급으로 해야 함에도 민사 사안이라며 심의종료하였습니다. 제대로라면 물량을 속여 하도급 대금을 대폭 낮게 책정한 것으로 부당 하도급 결정으로 하는 것이 원칙일 것입니다.

[붙임3]2.에 의하면, '이 사건 공사의 공종인 철근콘크리트 공사 외의…'로 되어 있습니다. 신고인이 철근콘크리트 공사 면허만 가지고 있는데도 ○○중공업은 실내건축 등의 공사를 시키고 그 대금을 지급하지 않는 것에 대해서 건설위탁 요건 미충족이라 하여 역시 심의종료로 처리하고 있습니다. 이것은 신고인이 ○○중공업과 아무런 사전 공사가 없는 경우에는 그럴 수 있습니다. 하지만 신고인은 철근콘크리트 하도급 공사를 하고 있으므로 이는 하도급법상의 '부당한 경제적 이익 요구'에 해당합니다. 원사업자라는 우월한 지위를 이용하여 부당한 요구를 한 것입니다

[붙임3]은 '수원 세류 1블럭 아파트 건설공사 중 철근콘크리트 공사 등' 사건 관련 최초 사건 처리 결과 통지문서입니다. 가 항목에 보면 '양 당사자의 주장이 상반되고 사실관계에 대한 확인 곤란하여 법위반 여부에 대한 판단이 불가능한…'으로 되어 있습니다. [붙임2]는 하도급 대금보다 더 많은 공사를 시켰다고 인정하고

있습니다. 그런데 같은 성격의 하도급 공사인데 여기서는 어떻게 이런 부실한 결론을 내었는지 궁금합니다.

이 두 문서 관련 검토보고서를 정보 공개 청구합니다. 만약 검토 보고서 공개가 어렵다면 그 근거를 구체적으로 말씀하여 주시고 검토보고서상의 Ⅰ. 사건의 개요, 1. 사건의 경위, 가. 사건의 단서, 나. 신고 내용, 다. 검토 경위만이라도 공개하여 주시기 바랍니다.

2020. 3.
○○건설 대표이사 문○○

[붙임1] 청와대 신문고 게시글
[붙임2] 사건번호 2015서건0000 사건 결과통지문
[붙임3] 사건번호 2015서건0000 사건 결과통지문

공정위의 정보공개 결정통지서

귀하께서 청구하신 정보에 대해 아래와 같이 비공개 결정하오니 양지하여 주시기 바랍니다.

1. 비공개 내용 : ○○중공업의 불공정 하도급 거래행위에 대한 건 관련 두 개 사건의 검토보고서

2. 비공개 근거 :
 − 공공기관의 정보공개에 관한 법률 제19조 제1항 제5호
 − 공정거래위원회 행정정보공개지침 제9조 제1항 및 〔별표2〕

3. 비공개 사유 : 검토보고서는 의사결정 과정에 준하는 사항으로서 의사가 결정된 이후에도 공개될 경우, 공정위의 업무수행에 현저한 지장을 초래할 수 있는 정보로서 이를 공개하는 경우 업무의 공정한 수행에 현저한 지장을 초래할 우려가 있으며, 법인의 경영, 영업상의 정보가 포함되어 있어 공개될 경우 법인 등의 정당한 이익을 해할 우려가 있어 공개할 수 없음

4. 감사원에 진정하다

(이렇게 감사원에 진정을 넣었으나 공정위의 잘못은 없다는 답변을 받았다고 합니다.)

접수일자	2020년 5 월 일 (: 시)
성 명	문00
주 소	경기도 용인시 0000
전화번호	. 이 메 일
제 목	공정거래위원회의 위법한 사건처리 및 사건검토보고서의 정보공개거부 관련
내 용	1. **위법한 사건처리** : [붙임1]의 공정위에 보낸 문서에 나타나 있듯이 신고인이 하도급 대금을 제대로 지급 받지 못하였다는 취지의 신고에 대하여 공정위는 민사 사안이라며 심의종료 처리합니다. 하도급법은 민사특별법 성격으로 원사업자가 하도급 사업자에게 하도급 대금을 제대로 지급하는 것 등을 목적으로 하는 법입니다. 그런데 이런 사건을 민사사건이라며 심의종료 하는 것은 하도급법의 목적과 취지에 명백히 반하는 것입니다. 이는 하도급 대금 미지급 또는 부당 하도급 대금 결정행위 등으로 조사, 처리하여야 하는 것입니다. 동일한 유형의 사건인데 하나는 민사 사안, 다른 하나는 사실관계에 대한 확인이 곤란하다는 이유로 심의종료합니다. 또한 원사업자인 ○○중공업이 신고인의 면허공종인 철근콘크리트 외 공사를 시킨 것에 대하여도 하도급법 상의 건설위탁요건 미충족이라 하여 심의종료 처리합니다. 하지만 당시 신고인이 ○○중공업의 공사를 하고 있었으므로 이는 하도급법상의 부당한 경제적 이익 요구에 해당한다고 보아야 할 것입니다. 이러한 갑질로 신고인은 50억 정도의 부동산 등을 경매 등으로 빼앗기고 예전 본인의 공장터 옆 컨테이너에서 생활하고 있습니다.[붙임2] 심의종료 처리의 문제점 등 공정위의 사건처리행태에 대해서는 붙임3를 참고하십시오 〈별지에 계속〉
내부 신고자 여부	제보자가 감사원 감사를 받는 기관·단체(중앙행정기관, 지방자치단체, 공공기관 포함) 등에 소속되어 근무하고 있는 공무원, 임직원 등으로서 그 소속 기관, 단체 또는 이에 소속된 공무원 등의 위법·부당행위 등에 대한 내용을 제보하는 경우에 해당하는지 여부 내부 신고자 (□)해당 (□)해당하지 않음 내부 신고자에 해당할 경우 본인의 소속기관명 :
공개 여부	(□)원함 (□)원치않음 회신 여부 (□)원함 (□)원치 않음
개인정보 수집·이용 동의	(·이용 목적) 감사제보의 처리를 위한 사실관계의 확인 등 (수집대상 정보) 성명, 주소, 전화번호, 이메일 주소, 소속기관 (보유·이용기간) 10년 ※개인정보의 수집·이용 등과 관련하여 동의를 거부할 수 있으나, 거부시 감사제보 처리가 불가할 수 있습니다. 　　**개인정보 수집·이용 동의함**□ **동의하지 않음**□

2. 정보공개 거부 관련 :

공정위는 종전에는 대법원 판례(2002두12946, 붙임4)에 의해 사건 검토보고서가 '의사결정 과정에 있는 사항에 준하는 사항'에 해당된다는 이유로 공개를 거부하였으나, 검토보고서는 판례의 회의록 등과는 너무나 성격을 달리하는 것으로 많은 비판을 받았습니다.[붙임5] 그런 이유인지 이번 공개 거부에는 위 대법원 판례는 언급하지 않고 정보공개법 제9조 1항 5호만 적용하여 '의사결정 과정에 준하는 사항으로서 의사가 결정된 이후에도 공개될 경우 공정위의 공정한 업무 수행에 현저한 지장을 초래할 우려가 있으며, 법인의 경영, 영업상의 정보가 포함되어 있어 법인 등의 정당한 이익을 해할 우려가 있어 공개하지 못한다'라고 하고 있습니다. [붙임6] 검토보고서는 대개 '사건의 개요(사건의 경위, 신고 내용, 검토 경위), 당사자 적격성 및 일반 현황, 사실의 인정 및 위법성 판단, 심사관 조치 의견'으로 구성되어 있습니다. 사건에 대한 사실관계 인정과 위법성 판단이 주요 내용입니다. 그러므로 이것이 공개되어야만 공정위의 사건처리가 공정하고 투명하게 되는 것이며, 또한 그 내용상 법인(피조사 기업)의 영업상의 정보라 할 것도 없습니다. 만약 있으면 그 부분만 블라인드 처리하고 공개해야 합니다.

아래 정보공개법 관련 조항의 취지는 의사결정이 끝난 문서는 공개되어야 한다는 것을 말하고 있습니다. 동법 제3조도 적극적 공개를 요구하고 있습니다. 따라서 공정위가 전혀 타당하지 않는 사유로 검토보고서의 공개를 거부하는 것은 잘못된 사건처리, 위법한 사건처리가 공개되는 것을 막으려는 의도로 밖에 보이지 않습니다. 이는 직권남용에 해당한다 하겠습니다.

※정보공개법 제9조1항5호 : 감사·감독·검사·시험·규제·입찰계약·기술개발·인사관리에 관한 사항이나 의사결정 과정 또는 내부검토 과정에 있는 사항 등으로서 공개될 경우 업무의 공정한 수행이나 연구·개발에 현저한 지장을 초래한다고 인정할 만한 상당한 이유가 있는 정보

이 사건은 공정위에 수차례 재신고 되었으나 단 한 번도 이 위법한 처리에 대해서는 검토가 되지 않고 심의종료로 처리되어 왔습니다. 건설산업법 상 불법인 재하도급에 대해서도 하도급법이 적용되어 (불법) 하도급 사업자가 보호를 받을 정도로 강하게 하도급 사업자를 보호하는 게 하도급법입니다.
　[붙임1] 진정인이 공정위에 보낸 문서
　[붙임2] 진정인의 상실 부동산 등 리스트
　[붙임3] 공정위의 사건처리 행태 자료[붙임4] 대법원 판례
　[붙임5] 검토보고서 비공개에 대한 비판
　[붙임6] 공정위의 정보공개 거부 사유
　[붙임7] 기타 진정인이 공정위에 보낸 문서

5. 광석건설 문상만 사장의 인생 이력서

이　　름 : 광석건설 대표 문상만

본　　적 : 경기도 의정부시 장암동

현 주소 : 경기도 용인시 처인구

저는 의정부에서 태어났습니다. 집이 가난하여서 어려서부터 수락산에서 나무를 하였고, 학교는 호원동에 있는 호암초등학교를 나와 의정부중학교에 다니다 월사금 문제로 중퇴하고 말았습니다.

저는 학교를 중퇴하고 집에서 공장 짓는 데 가서 지금으로 말하면 노가다 일을 시작하였습니다. 공사판 일을 하다 사람을 따라 서울로 옮기게 되었습니다.

그렇게 일을 하다 1972년에 군대를 육군으로 가서 1974년 만기 제대 후 마찬가지로 서울에서 일을 하다, 1976년 카타르에 정우개발 소속으로 1년 나가서 일을 하고 귀국 후 다시 해외개발공사 소속으로 이라크에 4년 근무하고, 1980년에 귀국하여 일신진흥건설의 현장에서 일을 하였습니다.

그 전에는 면허가 없어도 되었는데 이후 면허가 없으면 일을 못 맡게 되어서 면허를 빌려서 일을 하다 면허를 사서 일을 하였습니다. 저는 성실하게 일을 하였기에 일신진흥건설, 서광건설, 신원종합건설 등 여러 회사 일을 맡아서 하였습니다.

그러던 중 ○○건설 소개로 ○○중공업의 장○○을 만나 2011년 7월 ○○중공업의 고양 삼성아파트 현장에서 일하게 되었습니다.

일신종합건설, 서광건설 및 신원종합건설 같은 회사에서 일을 하면 적자 나는 것은 없고 최하 본전인데, ○○중공업은 처음부터 적자가 많아 나서 일을 안 하려고 하니 ○○중공업 직원인 이○○ 및 장○○은 한 번 더 해보라고 하면서 다른 현장을 소개시켜 주었습니다.

신원종합건설이나 서광건설 등에서는 적자가 많이 나면 다음 현장에서 적자를 메워 주었습니다. 그래서 ○○중공업도 물량을 많이 잡든지 또는 단가를 많이 올려주는 방법으로 이전 현장에서 적자가 난 것을 메워 주는 줄 알고 시작하게 되었습니다.

하지만 ○○중공업은 그렇게 하는 회사가 아니었습니다. ○○중공업 공사는 매번 적자가 나서 매 기성마다 제 돈을 보태어 자재비며 노임을 주어야 했습니다. 광석건설 문상만은 집, 땅 등 개인 재산 전부를 은행에 저당 잡히고 융자를 받아 공사를 끝냈습니다.

그리하여 앞으로 ○○중공업과 일을 안 하려고 하니 이○○는 저를 판교로 불러서 수원 세류 현장을 한 번 더 하라고 하였습니다. 안 한다고 하니까 이○○는 수원 현장소장 연○○과 골프를 주선해서 골프장에서 만나게 되었습니다.

남부컨트리클럽에서 골프를 치면서 현장소장 연○○은 잘 봐줄 테니 걱정 말고 일을 하라고 했습니다. 저는 그 말이 사실인 거 같아서 일을 시작하였으나 그것은 거짓이었습니다. 일을 시작하면서 선수금을 주었으나 끝나면 기성을 주어야 함에도 불구하고 기성을 주지 않았습니다.

연○○은 2013년 9월에 선수금을 주고는 2013년 12월까지 반납하라고도 하여 반납하였습니다. 더 이상 돈이 없어 직불 신청을 하여 ○○중공업이 직접 노임과 자재비를 현장에서 지급하게 하였습니다. 광석건설은 한 푼도 가져오지 않았습니다.

그렇게 하여 수원 세류 현장도 마무리되었습니다. 현장에서 직간접적으로 미지급된 자재비마저 광석건설이 전부 지급하였습니다.

지나고 보니 하도 많은 돈이 없어져서 2015년에 도면을 검토하고 일신진흥건설 계약서와 ○○중공업 계약서를 비교분석하여 보니 많은 내역을 속여서 계약한 것을 알게 되었습니다. 계약 물량을 검토하여 보니 물량도 속였습니다.

그때부터 ○○중공업에 이야기하면 줄 돈이 없다면서 시간을 끌다가 저를 공정거래위원회에서 심판 받아 보자 하면서 신고를 하라고 하였습니다. 공정위는 무죄판결만 하였습니다. 감사원에 공정위를 고발하였습니다. 감사원에서 공정위와 저와 감사원이 삼자 대면하여 잘못된 것을 가리고 싶습니다.

현재 ○○중공업과 민사재판 중에 있습니다. 남의 말을 잘 믿은 저 자신이 부끄럽고 창피합니다. 저는 전 재산 다 잃고 아내와는 5년째 이혼 이야기가 오가고 있습니다.

제3부
세상을 향해

1. 탄원서

(신고인 보완 요청은 공정위 사건처리절차 규칙에 규정되어 있는 것으로 신고인이 이 요청에 따르지 않을 때 사건을 종결할 수 있도록 한 것입니다. 이는 신고서가 너무 미비할 때 1, 2차례 정도 하는 것으로 아주 드물게 사용하는 조항입니다. 변호사가 작성한 신고서를 7차례에 걸쳐 보완 요청했다는 것은 그 저의가 너무 뻔합니다.)

탄원서

탄원인(신고인)

　　성　명 : 윤○○(68○○○○ -1○○○○○○)

　　주　소 : 서울 강남구 ○○동

　　연락처 : 010-○○○○-○○○○

존경하는 공정위 서울사무소장님

　1. 신고인과 신고인의 대리인은 그제 귀 위원회의 담당조사관으로부터 출석요구 및 자료제출 요청 공문을 받고, 하루만인 어제 오후 서울사무소에 출석한 바 있습니다.

　2. 귀 위원회의 담당 K 조사관은 신고인이 대리인을 통해 사전

에 제출한 기술 유용 조사방안 의견서의 내용을 무시하고 피신고인의 주장대로 조사를 강행하였습니다.

3. 신고인과 신고인의 대리인은 회의 내내 이제까지의 조사 결과 및 의견서 내용대로 공정한 조사를 요구하였으나 성의 없는 답변조차 듣지 못하고 나왔습니다.

4. 지난주에도 신고인은 소장님이 지시하신 현장 확인에 성실하게 임하려 했으나, 위와 같은 담당조사관의 무시와 피신고인의 비협조로 무산되었습니다.

5. 이에 신고인은 소장님께서 애초에 약속하신 대로 피신고인의 검찰 고발을 요청 드립니다.

6. 아울러 이제까지 조사 결과 및 경과가 명확치 않은 담당조사관을 교체해 주십시오.

7. 참고로 어제 주요 논의사항을 적어 보겠습니다.

가. 현장 확인 관련

신고인과 대리인이 계속 위/변조의 위험성과 관련하여 소장님께도 처음부터 구두 및 의견서까지 제출한 바와 같이 실서버 확인 필요성을 주장하였으나, 담당조사관은 지난주에는 피신고인 사업장 주변 그리고 어제도 공정위 사무실에서 서류만으로 대조하려 하였습니다.

나. 대조 기준 관련

신고인과 대리인은 "3차 보정신고서 상에 명시한 대로 DB테이블 명, 칼럼 명, 순서와 속성 등을 대조하여야 한다"고 했으나, 담당조사관은 명확한 기준 없이 피신고인 주장대로 "ERD를 먼저 보고 나머지를 대조하려 한 것"이라고 궁색하게 변명하였습니다.

다. 자료 제출 관련

신고인은 "요청 자료를 이미 한 달 이전인 10월 26일에 4차 보정 요청에 따라 제출 완료하였다"고 진술하였고, "피신고인에게는 언제 어떻게 요청하였으며 검토 결과가 무엇이었느냐?"는 질문에 대한 답변을 전혀 듣지 못하였습니다.

라. 향후 조사 관련

위와 같은 결과에도 불구하고 담당조사관은 신고인과 대리인에게 먼저 나가라 하고 향후 조사에 관한 성의 있는 후속 논의조차

하지 않았습니다. 결과적으로 피신고인 앞에서 담당조사관은 신고인 및 대리인과 회의 내내 조사 방안 논의만 다시 한 것입니다.

8. 사실 담당조사관은 신고인에게 없는 불필요한 자료를 제출 요청하고 그것을 빌미로 신고인의 자료 미제출을 사유로 조사를 끝내려 한 것입니다.

9. K 조사관은 처음부터 아주 고압적인 자세로 회의 전에 잠시라도 조사 방안에 대한 논의를 하자는 것도 거부하고 피신고인과 마주 앉혀 놓고 일방적으로 "요청 자료들을 모두 가지고 왔느냐? 개발자는 왜 데리고 오지 않았느냐?"는 등 신고인을 압박했습니다.

(중간 생략)

16. 이제까지 기술 자료에 대한 이해가 어렵다며 애도 낳을 10개월 동안 무려 7차례 이상의 신고 보완 요청을 거듭해 온 조사관이 막판에는 오히려 신고인에게 불필요하고 무리한 기술자료 제출을 강요하고 이를 빌미로 조사를 끝내려 한 불공정 조사를 규탄합니다.

17. 이제라도 제대로 시정조치를 안 해 주신다면, 피신고인의 현장조사 협조를 무마시키고 소장님이 약속한 검찰 고발도 안 하기 위해서 억울한 신고인을 기획수사하려 한 것으로 판단할 수밖에 없습니다.

조속한 조치 및 선처를 부탁드립니다.

2012. 12. 7.
위 탄원인 윤○○ (인)

공정거래위원회 서울사무소장 귀중

2. 자동차 2차 벤더 부인의 전화

2년 정도 전에 경주 사는 자동차 2차 벤더 부인의 전화를 받았는데, 남편은 70세인데 감옥에 있다고 했습니다.

자기들 사정이 얼마 전 사장이 자살한 가진테크와 같다고 하면서 울먹였습니다. 도저히 못 살 거 같아서 합의금 받아 부채를 청산한 게 공갈, 협박, 갈취로 되어 사장인 남편은 감옥에서 2년 6개월 형을 살고 있다고 했습니다. 상대 변호사는 김앤○ 소속입니다.

한 사람의 인건비라도 아낄 거라고 부인이 직접 공장에서 새벽동이 터올 때까지 일하기도 하였답니다.

전기세를 못 내서 한전에서 단전한다니까 1차 벤더에서 한전에 직접 전기세만 지불해 주더라고도 했습니다.

그때 합의금 받아서 부채를 청산했기 망정이지 그렇지 않았으면 자기 남편도 가진테크 남사장처럼 자살했을 거라고 했습니다.

공정위에 신고했으나 모두 다 무혐의 처리되었다고 한숨을 쉬었습니다.

3. 현장의 목소리

어느 중소기업 사장님의 말씀을 들어보니

　요즈음 떠오르는 화두는 정부와 여당이 외치고 있는 친서민 정책과 더불어 대기업과 중소기업 간에 벌어지는 불공정행위들의 시정이라 할 수 있을 것입니다.

　그 중에서도 대기업들이 자사와 관련된 중소기업들을 말로만 협력업체요, 상생을 하자 부르짖지만 실제 쥐어짤 수 있는 데까지 쥐어짜며 과실을 공평하게 나누지 않습니다. 독식하며 배가 너무 불러 도저히 못 먹고 남길 수밖에 없는 된 것을 겨우 살짝 던져주면서 "이것이라도 있으니 당신들도 먹고 사는 것이 아니냐"며 생색을 내는 일들은 비단 어제 오늘의 이야기가 아닐 것입니다. 물론 그렇지 않은 경우도 많겠지만 말입니다.

　토요일이었나요? 다들 휴가라도 갔는지 손님도 뜸하고 전화도 별로 없고 해서 조금 일찍 일을 마치고 퇴근하려던 참에 나이가 지긋해 보이는 분께서 매장 문을 열고 들어오시더군요. 반갑게 맞이하고 이것저것 제품에 대하여 상담하던 중 제가 살며시 여쭤 봤어요. 이런 내용의 질문은 장사하시는 분들이 상대방을 잘 모르는 상태에서 부드럽게 대화를 이어가기 위하여 늘상 하는 질문이라 할 수 있을 것입니다. 나이가 좀 있는 여성분께는 "사모님 요즈음 건강하시죠?"라거나, 남성일 경우 "사장님 요즈음 하시는 일은 잘 되시죠?" 이렇게 웃으며 묻고는 합니다.

그런 질문에 그분들께서는 대개 머리를 긁적이며 "요즈음 어디 가서 뭐든 잘 된다고 하면 욕먹기 십상 아닙니까? 다들 먹고 살기 힘들다고 하잖아요. 실제 저 같은 경우도 무지 힘든 하루하루를 보내고 있습니다. 모 대기업에 부품 몇 가지 납품해서 먹고는 살고 있는데 이게 쉬운 일이 아니더군요. 원자재 값은 오르는데 단가는 엄청 후려치고 그마저 대금도 제때 잘 안 주니 이거야 원 힘들어서 살 수가 있어야 말이죠."

그 말씀을 듣고 "저도 중소기업들이 힘들다는 얘기는 여기저기에서 많이 들었지만 사장님 같은 분의 말씀을 들어보니 이 문제가 심각하긴 한가 봅니다. 제 주변에서도 이런 문제들 때문에 어려움을 호소하시는 분들이 아주 많거든요. 그런데 요즈음 정부에서 이런 거 해결해야 한다면서 난리도 아닌 것 같은데 어디 신고라도 한 번 해보시면 어떻겠습니까? 혹시 압니까? 바로 들어주고 해결해 줄지?"라고 말했더니, 손으로 목을 치는 흉내를 내며 "허허, 누구 밥줄 끊길 일 있습니까? 저도 몇 번 단가 좀 후려치지 말고 제발 올려 달라"고 했더니 뭐라고 하는지 아십니까? 원가장부 다 봐서 아는데 무슨 엄살이냐고 합디다. 그리고 자기네들도 똑같이 힘든 상황이니 서로 협력해서 잘해 보자는 둥 매번 헛소리를 하기에 한 번은 "당신들이 무슨 힘이 드느냐? 말도 안 되는 소리 말라"고 따졌더니 "그 정도면 먹고 살 만한데 뭔 불평불만이 그리 많으냐"며 인상을 쓰더군요. "솔직히 태도도 건방지기 짝이 없고 또 지가 나이를 먹었으면 얼마나 먹었다고 나이도 어린 놈이 그러는 거 보면 정말 그 자리에서 책상이라도 엎어버리고 다 때려치우고 싶을 때가 한 두 번 이 아니지요. 하지만 처자식들하고 우리 직원들 생각하면 그러지도 못하고…"라며 긴 한숨을 내쉬더군요.

그렇게 그분은 일을 마치고 돌아가셨지만 제 마음속에 남는 뭔가 부아가 치밀어 오르는 느낌은 한동안 지울 수가 없었으며 '이런 좋지 못한 관행을 하루속히 뜯어 고쳐야 중소기업도 살고 내수도 살 수 있을 텐데' 하는 생각이 강하게 들었던 것 같고, 또 사정이 이 모양이니 1차 업체가 2차 업체를 쥐어짜게 되고 2차 업체가 3차 업체를 쥐어짜게 되는 내리사랑(?) 은 어쩌면 당연한 일일 것이며, 그렇게 중소기업들은 기를 펴지 못하고 그저 하루하루 입에 풀칠하기 바쁜 슬픈 현실이 되어 버린 것이지요.

대기업들이 내는 사상 최대의 실적, 은행보다 현금이 더 많다는 현실, 그 누구보다 잘 나가시며 호황을 누리고 있는데 그 많은 과실 좀 밑으로 내려주시면 아래도 먹고 살 만할 텐데, 가뜩이나 중소기업 취직을 꺼리는 젊은이들을 조금 더 나은 환경에서 연봉도 지금보다는 더 풍족하게 주고 붙잡을 수 있을 텐데, 2차 3차 업체들에게 분풀이 하는 것을 멈출 수 있을 텐데, 정말 어렵게 어렵게 좋은 사람 선발해서 현장에서 일이 손에 익고 그렇게 쓸 만하면 빼가 버리는 일을 하지 않을 수 있다면 이마에 주름살 좀 펼 수 있을 텐데…

중소기업들이 살아야 다들 살림살이도 좋아지고 여윳돈이 생기며 얼어붙은 내수시장도 살릴 수 있을 텐데, 먹고 자고 입는 것, 때 되면 한 번 놀러가는 것 말고 실제 삶의 질을 높이는 데 더 돈을 쓸 수 있다면, 바닥에도 돈이 돌고 돌 수 있다면, 내수 관련 제조업체들이나 자영업자들도 허리 좀 펴고 살 수 있을 텐데… 여러분, 제 말이 틀렸나요?

대기업은 배 터져 죽고, 중소기업은 굶어 죽고…

이것이 2010년 현재 오늘의 한국이다.

대기업은 갈수록 흑자 기록을 갱신하여 돈이 은행보다 많아 주체를 못하고, 중소기업은 봉급 때마다 사장이 피를 말리는 돈 구하기가 반복된다. 중소기업 사장들은 이런 고통에 눈물 흘리고 내가 왜 사업을 했나 후회하고 그 직원들은 형편없는 급여에 비참한 생활로 내일이 없는 하루하루를 연명한다.

재벌들은 이제 비대할 대로 비대해져 정부도 우습게 알고 '정부가 중심잡고 정치 똑바로 해야지 이런 식으로 갈팡질팡하면 되겠냐 고 짐짓 점잖게 공개적 훈계도 마다않는다. 며칠 전 제주도에서 전경련 모 간부란 자가 씨부린 개소리다. 눈에 뵈는 게 없는 것이다.

기업이면 정치에 관한 말만 하는 게 상식이다. 그런데 정부의 전반적 국정 운영을 시비 걸었다. 국민의 입장에서 이것들이 이제 눈에 뵈는 게 없구나 싶은 망발이다.

그러나 정부의 수준 낮은 대기업 일방 편들기와 정부의 일관성 없는 법 집행이 이런 적반하장의 상황을 자초하였다.

이 정부는 시작부터 대기업이 잘되면 다른 것은 다 좋다는 식으로 일방적인 대기업 봐주기로 일관하였다. 그 결과 경기는 활황이라는데 대부분의 서민들은 경제적 고통이 더욱 심해지고 있다. 나라꼴 잘 돌아간다.

이 나라 봉급쟁이 95%는 중소기업 다닌다. 대기업의 고용인원과 공무원, 공공부문은 5%도 안 된다. 그렇다면 먹고살기 힘든 95%를 위한 정책이어야 하는지, 5%의 배부른 돼지들을 위한 정책이어야 하는지는 명확하다. 이놈들은 대기업만 돈 벌면 다 되는 줄 아는 쓰레기들이다. 대기업 더러운 짓하는 거 지적하면 공산당으로 몰아 매장시키려는 불순분자가 판친다.

대기업이 떼돈 벌든 말든 원칙적으로 제3자는 관여할 바가 아니다. 이게 상식이다. 남이 노력해서 번 돈을 감히 누가 시비한단 말인가? 자본주의 세상에서.

그러나 대기업의 득세가 일반 서민과 중소기업의 직접 피해를 부르는 구조로 되어 있는 게 이 나라의 현실이다. 이유는,

①대기업은 95%에 이르는 중소기업을 이용하여 돈벌이만 할 뿐 전혀 같이 번영하려는 마음이 없다. 과실을 나누려 하지도 않는다. 오로지 갑의 지위를 이용하여 을을 쥐어짜고 거기서 초과 이익을 취하는 것만 할 줄 안다. 그래서 지금 대기업이 번 돈 중 큰 부분은 사실 중소기업과 그 종업원들에게 돌아가야 할 돈이다. 힘으로 남의 돈을 강탈한 것일 뿐이다. 경영지도 한답시고 남의 회사 원가구조, 영업비밀, 첨단기술까지 샅샅이 알아내어 이를 단가 후려치기의 수단으로 악용하는 종자들이 정당한 기업인인가?

②우리나라 대기업들은 염치가 없다. 무슨 말인가 하면, 체면이 없다. 땀에 젖고 기름에 찌든 돈까지 다 빨아가려 한다. 중소기업 영세상인도 먹고살 거리는 남겨두어야 할 텐데 '싸그리' 훑어가서 자기들이 독점, 독식한다.

일반 소매업의 대표주자인 마트 등은 대기업이 안 해도 중소기업 영세상인들이 충분히 할 수 있고 그래야 한다. 그러나 전국에 수백 개의 이마트, 롯데마트, 홈플러스, 지에스마트 등등 대기업 계열 마트는 시골 논두렁까지 들어가 한국의 모든 돈을 저인망으

로 훑어간다. 그 통에 영세상인들은 밥줄이 끊어진다. 비극이다.

그것도 모자라 이제는 골목까지 들어가 중규모의 슈퍼도 열심히 오픈한다. 지역 상인들을 아예 말려 죽이는 일인데도 염치고 양심이고 없다. 중소도시까지 죽치는 대기업 마트는 그 지역 상인들을 말려 죽인다.

③재벌들은 거의 협잡질에 가까운 회계조작과 내부 계열사 간 상호 보증을 통해 적은 지분으로 거대 기업의 주인 노릇하면서 이 과정에서 엄청난 부정과 정경유착으로 나라의 경제정의를 마비시키는 행위를 자행한다. 모 재벌은 우리나라 웬만한 권력기관의 종사원들 모두를 대상으로 주기적으로 뇌물을 주어 코를 꿰고 이를 기반으로 국법조차도 우습게 알고 불법행위를 밥 먹듯 한다. 재수 없게 걸려도 처벌은 거의 없다. 자신을 처벌할 사람이 자신의 돈을 받은 부패한 관리일 경우가 거의 대부분이기 때문이다. 이렇게 부패한 기업의 엄청난 돈벌이는 결국 일반 국민의 몫을 가로챈 것이다.

그러나 이 나라에서는 이런 기업이 존경받고 입사하고 싶은 기업 1위를 다툰다. 전국의 모든 땅은 몇몇 재벌들의 땅따먹기, 아파트 짓기 경연 대회장으로 바뀌어 전국에 삼성 래미안, 현대 힐스테이트, 대우 푸르지오, 대림 이편한세상, 포스코 더 샵, 한화 꿈에그린, 엘지 자이, SK 뷰로 뒤덮이고 중소 건설업체는 기를 못 편다.

어딜 가도 고개만 돌리면 이런 브랜드 아파트가 눈을 압도한다. 전국의 모든 요지와 알짜배기 땅은 이미 재벌들이 독점한지 오래이다.

이런 식으로 중소기업 거지 만들고 대기업 네 놈들은 천 년 만 년 잘살 것 같더냐? 이제 이 나라 대기업 물건은 안 산다. TV 고장 나면 소니 살 거며, 자동차 폐차하면 싼 거라도 외제 산다. 게다가 국산과 값 차이도 없다.

중소기업이 살기 위해서는,

①소비자 운동이 활성화되어야 한다.

기업은 사회문화의 일부이다. 비사회적인 기업에 대해서 비판하고 불매운동을 할 수 있어야 한다. 그래야 탐욕스런 기업이 자리 잡기 어렵게 된다. 소비자 운동의 제재는 소비자 권익의 침해일 뿐 아니라 상품 자체의 발전과 기업문화의 발전을 저해하여 결국 경쟁력 상실로 이어질 뿐이다.

②아이템별 전문화 기업이 다양하게 존재해야 하고, 이들이 사회적 신임을 얻을 수 있는 길을 만들어 주어야 한다.

중소기업 제품만 판매하는 유통망을 설정하고, 이들 제품에 대해서 신뢰를 높일 수 있는 방법을 강구해야 한다. 이는 비자유주의적 경제행위가 아니라 고용을 가장 많이 창출하는 중소기업에 대한 배려이다. 대기업은 국제적 경쟁에 힘써야 하고, 대기업의 생산력 향상은 중소기업의 몰락과 연관된다.

자유주의 경제에서 대기업은 성장하여 자신들과 견줄 만한 중소기업을 공격하는 경향을 갖는다. 대기업의 공격으로부터 중소기업을 보호해야만 국가의 진취적인 미래가 보존된다. 이는 자식들은 서로 경쟁하지만, 과도한 경쟁은 부모가 말리고 힘없는 아우를 키워야 하는 것과 같다. 기반과 연륜이 다른데 힘으로 경쟁하게 하는 것은 골리앗과 다윗을 힘으로 싸워서 경쟁해라 하는 것과 같다. 포유류 이상의 동물은 힘없는 새끼를 적극 보호하는 경향이 있다. 발전된 사회일수록 작은 기업, 벤처기업에 혜택을 주고, 대기업이 공격하는 중소기업에게는 그에 합당한 지원도 해야 한다. 공정거래가 강화되어야 하며, 이것이 미래를 보장하는 길이 된다고 본다.

대기업은 한 시대의 대표 기업일 뿐이지 영원한 대기업은 없다. 대개의 경우 비합리적인 방법으로 생명을 이어가는 경우가 많다.

③독과점 기업군의 제재

자본주의 사회는 수요와 공급이 일정 수량 이상이 될 때, 자유주의 경제가 성립되나 공급이나 수요가 일정한 수 이하로 내려가면 독과짐 현상이 발생한다. 독과점 공급과 소비에는 공적으로 합의

된 가격 결정 구조를 설정해야 한다.

④상식적인 방법으로 중소기업을 키워야 고용시장을 넓혀 나갈 수 있을 텐데, 그렇지 않은 것 보면 아무래도 정권과 대기업을 의심할 수밖에 없다.

4. 의류산업 스케치

의류산업은 우리 생활과 아주 밀접한 분야입니다. 예부터 장사 중에서도 음식장사, 술장사 그리고 옷장사 순으로 쳐주었습니다.

이 옷장사 하면 떠오르는 곳이 동대문시장입니다. 청계천변 방산시장부터 동대문까지 해서 의류판매 사업자가 2~3만 개 정도 된다고 합니다. 이들의 절반 정도는 자체 공장(소규모 영세공장)을 가지고서 옷을 만든다고 합니다. 이들 공장들은 동대문에서 반경 10~20km, 즉 면목동, 장안평 등에 포진하고 있다고 합니다.

남대문시장에는 그 수가 더 많다고 합니다. 남대문시장은 거의 중국 제품들이 석권하였고, 동대문시장도 절반 정도는 중국 제품이 석권하였다고 합니다. 여기에는 우리 기업들이 중국에서 제조한 제품들도 포함이 됩니다.

이렇게 동대문시장에 중국 제품들이 판을 치게 된 것은 전임 시장인 모씨의 정책 실패 때문이라며 상인들은 입에 거품을 물어댑니다. 아무튼, 배달 오토바이 등을 포함해서 이 두 시장만으로도 관련 산업 종사자가 100만은 족히 되는 거대시장입니다.

우리는 4계절이 있는 만큼 다양한 옷 수요가 있어 그만큼 의류산업이 경쟁력을 가질 수 있는 여건이 된다고 합니다. 그럼에도 세계적인 브랜드가 없는 이유는 무엇인지 궁금했습니다.

옷은 유행을 따라가야 판매가 제대로 되는 상품입니다. 따라서 판매 시점에 시장동향을 살펴보니까 이러한 트렌드가 아니더라 하면 그 옷은 판매가 여의치 않을 것입니다. 그러면 우리의 기업생태 환경상 그러한 부담을 원사업자가 홀로 떠안지는 않을 것입니다. 여기서 하도급법상의 감액이 발생할 소지가 많은 것 같습니다.

또한 의류는 까다로운 상품이니만큼 클레임을 둘러싼 마찰도 많은 거 같습니다. 이 클레임을 핑계로 한 감액도 상당한 것 같습니다. 클레임의 기준 등이 명확해질 필요가 있다고 봅니다.

에피소드로, 짝퉁 상품이 반드시 부정적인 영향만 끼치는 게 아니라고들 합니다. 짝퉁 상품은 정품의 마케팅 역할을 톡톡히 한다고 합니다. 한때 인기를 누리던 노스페이스가 하강곡선을 긋는 것은 짝퉁이 시장에서 사라졌기 때문이라고들 합니다.

짝퉁 제조시장에서 한때 동대문이 상당한 경쟁력을 발휘를 하였고, 그로 인해 영세공장들이 잘 돌아갔는데, 몇 년 전 대대적 단속이후 이들 공장들은 문을 닫았고 그 시장은 중국으로 넘어갔다고 합니다.

지금 우리나라에서 보이는 짝퉁상품은 밀수품이라는 결론이 됩니다. 짝퉁수요가 있으니 공급은 어떤 방법으로도 이루어지는 겁니다.

5. 갑질종합세트에 의해 망가진 공장 현장 모습

기술 탈취, 부당단가인하, 감액 등 대기업의 갑질종합세트에 의해 폐허화된 하도급업체 공장 내부 모습

제4부
쉬어가는 고개

1. 인사 관련 상소문

(참여정부 당시 어느 위원장님에게 보내 드렸던 내용입니다.)

위원장님, 안녕하십니까?

위원장님, 어느덧 한 해가 또 밝았습니다.

영겁의 시간을 인간이 인위적으로 편집해 놓은 한 해, 한 해가 어디 중요하겠습니까마는 저희는 영겁을 사는 존재가 아니라서 그래도 신경이 쓰이는 것 아니겠습니까?

우리 조직에 대한 제 생각을 이렇게 글로 정리해 보았습니다.

위원장님께서 한 번 읽어 봐 주시면 감사하겠습니다.

지금으로부터 200여 년 전 나폴레옹 군대가 프로이센 군대를 무찔렀을 때 괴테는 '오늘부터 세계사의 새로운 역사가 시작된다'고 했습니다. 누구나 역량이 있으면 누구라도 졸병부터 장군까지 승진할 수 있는 프랑스 시민군과 제복만 빛날 뿐 탁상공론의 전략에만 능한 귀족 군인 프로이센군… 진정하게 시민에 의한 역사가 이날부터 시작되었다는 것을 괴테는 그렇게 표현하였습니다.

그로부터 지금 21세기의 대한민국, 그 중에서 우리 조직.

별로 중요하지도 않은 시험 하나로 성분(?)을 구별해서 차별을 주고 하는 광경을 나폴레옹이나 괴테가 본다면 무어라고 할지 궁금해집니다.

현업에서 적어도 10년 정도는 종사하여 시장에 대한 이해가 높은 조사관이 우리 조직에 한 기여는 그 무엇과도 바꾸기 어려운 소중한 것이라 생각합니다. 또한 이들의 경험을 통해 쌓은 노하우는 어느 책보다도 더 소중한 것입니다.

현장의 노련함은 책으로 따라잡기 어려운 법입니다.

경쟁이란 성과 경쟁이라고도 한다고 들었습니다. 시장에서 성과(기여)를 많이 낸 측이 시장에서 그에 걸맞은 대우를 받는 것을 말하는 것일 겁니다.

또한 공정거래법에는 합리성의 원칙이 무엇보다 많이 적용되고 있습니다. 이는 현실을 잘 반영해 유연하게, 균형감 있게 법을 집행해야 하는 것이라고 알고 있습니다. 그만큼 현장을 많이 아는 것이 필요한 법이므로 그 현장을 가장 많이 아는 직원들이 능력 있는 직원이며, 이들이 조직의 중추가 되어야 공정위가 국민의 신임을 받는 '믿음직한 공정위'로 되지 않을까 싶습니다.

정책도 진정성이 있으려면 현실에 대한 정확한 이해에 따른 문제점에서 나와야 제대로 된 효과를 미칠 수 있지 않을까 합니다.

무슨 일만 있으면 이벤트식의 지침 개정, 무슨 개정…

그게 시장에 얼마나 긍정적인 영향을 끼쳤는가에 대해서는 의문이 많습니다.

예전 형사법에서 규문주의가 판치던 중세 유럽에서 소매치기는 손목을 공개적으로 절단했는데 그 현장에서 소매치기하는 사람들도 있었다고 합니다. 한 마디로 성실한 법집행이 더 중요하다는 말 아니겠습니까.

세계에서 유일하게 우리와 같은 고시제도가 있는 일본도 얼마 전 경쟁 제한의 폐해가 다대하다 해서 폐지하였습니다.

우리는 사업자들에 대해서는 대·중·소 기업 간 상생협력하라, 카르텔 하지 마라 하면서 우리 조직 내부는 상생협력이 아니라 상호갈등과 양극화만 심화시키며 행정 기득권층의 카르텔을 더 공고화시켜 주는 방향으로 흐르는 것이 아닌지 의심이 듭니다.

인류 역사는 시장에 대한 참여와 확대의 역사입니다. 참정권이 없는 여성 등에게 참정권이 부여되어 정치라는 시장에 참여가 가능하게 되었고, 또한 세계시장에서 배제되었던 중국 등 구 공산국도 이제는 세계시장에 참여하고 있습니다. 우리 조직 내부는 이 시대의 조류에 거꾸로 흐르고 있는 게 아닌지 하는 의문도 듭니다.

'경쟁'이란 이름으로 '경쟁'을 배제시키는 것이 아닌지 궁금합니다. 우리 조직이 이렇게 지나친 모순에 싸여 있으면 우리 사회 또한 그 모순의 굴레에서 자유롭지 못하다고 생각합니다.

마지막으로, 노조 일을 하는 직원들이 인사상 불이익을 받지 않도록 배려해 주셨으면 합니다. 그들은 기관이 해야 할 하위직에 관한 많은 고충을 해결해 주고 있습니다.

삼성이 노조 대신 기관에서 직원들의 고충을 처리해 주느라 투입하는 자금과 노력이 상당하다고 들었습니다. 그 노력에 걸맞는 대우가 있어야 한다고 생각합니다.

해외 파견 기관에서 실질적으로 별다른 일도 하지 않고 상당한 대우를 받는 간부들도 있지를 않습니까.

다음은 제가 예전에 중앙공무원교육원에서 교육 받을 때 분임발표 자료로 쓴 것입니다.

현 계급제의 모순과 그 개선책

법이나 제도의 시대적합성

무릇 어느 법이나 제도든 특정 시대의 산물이지 영구불변의 것이 아닙니다.

미국의 경우, 기존 법률이 더 이상 변동된 상황과 맞지 않는다면 더 이상 법 적용을 하지 않고 폐기를 한다고 합니다.

法은 삼 수(氵)변에 갈 거(去)자의 조합으로 이루어졌습니다. 물처럼 흘러 변동하는 현실을 감안하라는 취지일 것입니다. 제도의 경우도 마찬가지일 것입니다. 따라서 미국의 경우는 법 정신을 잘 살려 법 운용을 잘하고 있다고 봅니다.

우리의 경우 현 9단계의 계급 구조는 5, 60년대 개발시대 내지 농업 중심 시대에 만들어진 것입니다. 9급은 고졸, 7급은 전문대졸, 5급은 대졸… 당시에는 이런 분류가 타당성이 있었을 겁니다.

산업이라고는 공장 몇 개와 농업 그리고 막 발전하는 은행 등 금융 그리고 전통적인 관료조직. 이게 전부였을 겁니다. 대학도 또 몇 개 안 되었습니다.

이제 정보가 바다처럼 흐르고 대학 문턱 안 넘은 사람이 거의 없으며 외국 바람 쐬지 않은 사람이 거의 없는 이 시대에 저런 태고적의 경직된 계급구조를 고수한다는 것은 현실을 대단히 잘못 진단하고 있다고 볼 수밖에 없습니다.

문화도 중요합니다. 공직 문화도 이런 계급구조를 자연스럽게 용해시켜 버렸다고 봅니다. 그냥 계급 구분만 있고 하는 일은 비슷하거나 똑같거나, 아니면 거꾸로거나일 경우가 많습니다. 그러다 보니 계급 구분 자체가 우스꽝스러워지고 코미디가 되어 가는 것입니다.

사정이 이러면 이런 현실에 맞지 않는 제도는 시대에 맞게 고쳐져야 합니다.

독일의 역사가 짐멜은 의식과 현실의 불일치가 역사의 비극이라 했습니다. 의식은 저만치 앞서 나갔는데 현실이 바뀌지 않으면 그 갈등이 혁명으로도 되고 반란으로 되고 했습니다.

일반적으로 잘못된 기득권이라도 그것을 고수하려고 합니다. 천 년의 로마나, 천 년의 베네치아 공국이나, 천 년의 이집트나 그 공통점은 그런 기득권이 누적되어 사회적 정체 현상이 생기면 때로는 제도 변경을 통해, 또 때로는 얼마간의 폭력에 의해 고쳐 나가 항상 사회계급이 고정되지 않고 흐르도록 한 것이라 봅니다.

위대한 카이사르의 죽음은 기득권을 없애려는 그를 기득권자들이 암살을 한 것입니다. 시저가 왜 그토록 역사를 통해 존경받는가는 여기에도 한 요인이 있다고 봅니다.

한국의 관료사회는 중앙 관료가 지방 관료를 차별하고, 행정 관료가 기술 관료를 차별하고, 일반 관료가 기능 관료를 차별하고, 고시 출신이 비고시 출신을 차별하면서 굳어진 면이 많다고 봅니다.

이렇게 차별을 통하여 자기 몫 찾기에 열심이었고 하는 측면이 많았다는 생각이 드는 것은 저 혼자만의 생각이 아닐 것입니다. 직위 분류제는 아직 행정의 영향이 크고 행정의 영속성이 중요한 우리에게 전반적으로 적용하기는 적합하지 않을 겁니다. 그러면 대안은 무엇일까요?

현 계급제를 시대에 맞게 3~4단계로 대폭 완화해서 단일 계급으로 출발하게 해서 엄격한 자질심사 등을 거쳐 그 윗 단계 계급으로 승진을 허용하는 것도 하나의 대안이라 생각합니다. 독일식에 가까운 제도입니다.

직위 분류제는 왜 아직 우리에 맞지 않는가

직위 분류제가 도입되기 위해서는 민관 교류가 활발해져야 하며 그 교류에 따른 자연스런 휴직과 복직이 이루어져야 할 것입니다. 하지만 기수문화, 응집문화가 만연한 우리의 모습에 비추어 이는 어렵지 않나 싶습니다. 휴직 등 노동 조건에 유연성이 부족한 면도 있을 것입니다.

근원적으로 직위 분류제는 사회 시스템이 아주 잘 정비되어 있고 또 사회연대사상이나 사회복지사상 같은 것이 부족한 영미 시스템에나 어울리는 제도가 아닐까 생각합니다. 동시에 정부의 민간 개입이 최소에 그치는 등 행정의 영향력이 약한 나라에 잘 어울리는 제도라고도 봅니다

유능한 행정, 활기찬 공직

그러면 저렇게 계급체계가 대폭 완화되어 제대로 된 경쟁이 활성화되어 그 효과는 대단하리라 생각합니다.

이스라엘군은 강하기로 유명합니다. 또 북한군도 강하다고 합니다. 첨단무기를 제외하고 재래식 무기로 싸운다 했을 때 당할 자가 별로 없다고 합니다. 나폴레옹군대도 강했습니다. 칭기즈칸의 몽고군도 강했습니다.

이들의 공통점은 조직 내에 공정한 경쟁원리가 온전하게 작동한 데 있습니다. 이스라엘군이나 북한군은 장교를 뽑을 때 사병 중에서 선발해 뽑습니다. 그러니 이들은 풍부한 현장경험이 있으며 사병들의 애환을 알고, 그리고 거기에 군사 이론을 덧붙임으로써 완전한 장교로 거듭나는 것입니다. 부하들의 신뢰와 정서적 공감대가 절대적일 수밖에 없습니다.

나폴레옹 군대는 평민군이었습니다, 프로이센 등의 귀족 군대와 차이가 많았습니다. 위엄 있는 군복을 입고 거들먹거리나 할 줄 아는 귀족 군대와, 자기만 열심히 하면 장군까지 올라갈 수 있는 프랑스군의 차이는 전쟁을 하기도 전에 이미 승패는 판가름 났다고 하겠습니다.

칭기즈칸도 마찬가지입니다. 투항한 적이라도 잘하면 충분한 대우를 받았습니다. 그게 대몽골제국 건설의 원동력이었습니다.

우리가 흔히 민주경찰의 예로 드는 영국 경찰의 원동력 역시 자기 직업에 대한 자긍심 그리고 미래에 대한 비전일 것입니다. 박사학위자라 하더라도 순경부터 들어와서 현장경험을 쌓아야 한다고 합니다.

어느 사회든 시계추는 한쪽으로 과도하게 쏠렸다고 생각되면 이젠 그 반대쪽으로 쏠립니다. 그러니 계급제 완전 폐지와 같은 극단적인 의견들도 나오는 것입니다.

그간 아주 경색된 9단계 계급구조에서 이 부서 저 부서 다니면서 근평 관리하고(중앙부서 기준) 적당하게 교육 다니다, 그러다 승진하고 그러면 보직 받고 한 것이 우리 행정의 현주소였을 겁니다.

그러니 행정은 항상 다람쥐 쳇바퀴고 또는 두더지 잡기고 발전은 없고 순환만 있는 행정이 될 수밖에 없었다고 봅니다.

몇 년 전의 한일어업협상은 협상을 잘못해서 진 것이 아니라 처음부터 질 수밖에 없었던 협상이라는 것이 일반적인 인식입니다.

또 계급에 의해 과장이나 국장 계급인 사람들은 그런 직위가 아니면 일을 못하기 때문에 재경부 같은 데는 현직보다 많은 국·과장급들이 해외로 국내로 파견이란 형식으로 나가 있어 그 개인으로 보아도 손실이고 인재를 활용 못 한다는 측면에서 국가에도 손실입니다. 국. 과장의 보직 연한이 1년이 채 안 되었다는 것이 IMF의 원인이라는 분석도 있습니다.

자리는 한정되어 있고 사람은 많으니 자리를 돌려야 하고 그러니 한 자리에 있는 시간이 1년이 채 안 되었던 것입니다. 업무파악했다 하면 자리를 비워 주어야 했던 것이 현실이었습니다. 지금도 마찬가지일 것입니다.

이제는 바꾸어야 할 때입니다. 제도를 바꾸어 유능하고 활기찬 공직이 되도록 모두가 힘과 지혜를 모아야 할 때라고 봅니다. 이론과 실무를 동시에 갖춘 유능하고 가슴이 있는 공무원들을 양성해야 합니다.

2. 박○○ 수석님께

(MB 당시 징계위기에 처한 후배들을 위해 청와대에 보낸 내용입니다.)

박○○ 수석님!

공정거래위원회 ○○과에 근무하는 이상협입니다.

이렇게나마 현장의 분위기를 전달해 드리는 것이 모두에게 도움이 되지 않나 싶어 이 글을 씁니다.

금번 공무원노조의 민노총 가입은 많은 직원들이 바람직하지 않다고 생각했습니다. 그래서 모두가 애초 가입이 부결될 것으로 믿었습니다.

그런데 가결이 된 것은 다른 무엇보다 '업무시간에 투표하면 징계한다' 는 등의 지나친 정부의 강공 드라이브가 직원들의 반발을 불러 가결이 되었다는 것이 일치된 의견입니다. 10분 정도면 충분하게 투표할 수 있는데 그 10분을 비웠다고 징계 운운하는 것은 반발을 부르기에 충분한 것이었습니다. 민노총 가입의 최고 수훈자는 정부라는 것입니다.

하지만 탈 민노총이라는 최근의 트렌드를 역류하면서까지 민노총 가입을 지지하는 사람들이 보수적인 공무원 사회에서 평상시에도 과반은 넘지 못하겠지만, 그래도 상당수 존재한다는 것은 현 공직사회에 많은 모순이 있다는 것을 의미하는 것은 아닌지 하는 생각도 듭니다.

즉, 외부에서는 알지 못하는 부조리, 불합리 및 낭비 등 요인이 행정부서 내에 아직도 많다는 것이며 이에 대한 불만이 민노총을 향하게 한다는 것이지요. 이를 바로잡을 수 있는 단체는 내부 직원들의 조직인 공무원노조 외에는 없다고 봅니다.

따라서 전국공무원노동조합(전공노)이 과도하게 정치적으로 나간다든지 하면서 무리수를 두면 제재해야겠지만, 그렇지 않은 경우에는 공무원노조를 통해 행정부서 내의 부조리 등을 제거해서 엄청난 선(善)의 파급효과를 기대하는 것이 나은 방법이라고 봅니다. 이를 통해서 행정 경쟁력, 나아가 국가 경쟁력도 획기적으로 향상시킬 수 있다고 봅니다.

현재 정부의 전공노 대처 방법을 이해하지 못하는 바는 아니나 이는 너무 밖으로 드러난 일부만 보고 전체를 판단해서 그러는 것이 아닌가 하는 생각입니다. 지나친 강경 대처는 심각한 후유증을 동반할 수 있습니다. 아래 두 번째 글이 그것을 말하고 있습니다.

수석님도 아시겠지만 민노총은 크게 NL과 PD라는 두 개의 정파政派로 나뉩니다. 시국선언 등은 민노총 NL의 작품이고 민주공무원노동조합(민공노)에서 이를 주도한 인물은 민공노의 한 핵심 간부의 독단이었다고 합니다. 자기 독단으로 그렇게 결정을 하고 경향신문에 게재된 중앙행정기관 각 지부 명의의 관련 광고도 지부와 상의하지 않고 그가 직접 게재를 요청한 것으로 알고 있습니다.

이를 가지고 서문수 공정위 지부장 등 다수의 중앙부서 지부장들이 해임이라는 처분을 중앙징계위원회로부터 받았습니다. 어찌 되었건 정치적 행위에 연루된 점은 잘못이라고 생각하나 그 정도를 가지고 해임한다는 것은 마치 누군가가 물건을 내 집에 몰래 던져놓은 것을 절도죄로 몰아 사형까지 과하는 것과 마찬가지가 아닌가 생각합니다.

이것은 법과 원칙이 아닙니다.

법은 상식이라고 생각합니다. 징계위가 이렇게 상식을 벗어난

처분을 한 것은 지난 10월 중앙공무원교육원에서 있은 장·차관 워크숍에서 대통령께서 "공무원노조의 민노총 가입은 유감이다. 엄정 대처 바란다"라는 한 마디가 계기가 된 것이라고 생각합니다.

중앙부서 노조 간부들은 민노총의 정파와는 하등의 상관없는 순수한 사람들입니다. 극히 일부인 정파 계열의 정치 행위로 오염된 전공노를 혁신하고, 나아가 민노총 자체를 개혁할 수 있는 건실한 사람들입니다.

그런 사람들을 일률적으로 해임하면 전공노는 내부에 견제세력이 없어 더 일탈행동을 할 수도 있을 것이고, 전공노의 혁신은 물 건너가게 됩니다. 홍성호 전 민공노 부위원장(전 공정위 지부장) 파면도 같은 맥락에서 안타까운 일입니다.

나아가, 만약 전공노를 혁신하려는 노력이 더 이상 무용하다고 판단되었을 때 전공노, 나아가 민노총으로부터 탈퇴를 하려고 해도 그러지를 못하게 됩니다.

해직된 한 사람의 생계를 책임지려면 대력 500명 정도 조합원들의 조합비가 소요된다고 합니다. 고작 기백명 정도의 조합원들을 가지고 있는 중앙부서 노조에서 이들 감당하기에는 불가능합니다.

따라서 울며 겨자 먹기로 전공노에 붙어 있어야 하는 것입니다.

아래 두 글은 공무원 관련 사이트에 올라온 것입니다. 작금의 여러 상황을 잘 묘사하고 있다고 생각합니다.

일주일 동안의 모습을 흘깃흘깃 느끼며

공무원노조 관련 투표 과정에서의
불법 행위를 채증해서
꼭 처벌하겠다는 엄포…
공문으로 뉴스로…
왜 그렇게 정부가 떠들어 댔는지
도저히 이해할 수가 없다.

보수적인 공무원노조가 민노총에 가입하면
민노총 자체가 우경화 할 수밖에 없다는 의견이 많다.

그리고,
아시다시피 공무원노조는
하빠리 공무원들로 구성되어 있다.
위압적으로 찍어 누르면

꿈틀거리기 마련이다. (2009. 9. 22.)

공무원노조에 대해 손가락 가는 대로 횡설수설

사실, 대부분의 단위 공무원노조(지부, 지회)의 노조원들은
정치투쟁에 대해 언감생심이다.
제 아무리 노조라 한들,
그 구성원인 공무원은 태생이 보수적이니 그렇다는 것이다.

이런 점을 직시한다면,
현 정부가 공무원노조를 몰아치는 것은
아주 어리석은 접근이다.

막말로 정부가 그냥 가만히 놔둬도,
노조 지도부가 법규를 현저히 위반하는
강경 정치투쟁에 경도될 경우
노조원들은 지도부를 싸늘하게 바라본다.
잘못하다간 행정의 민주화,
즉 일부 꼭대기 층의 사심에 따라 개판이 될 수 있는 각종 부당
한 정책수립,
집행을 견제하는 노조의 존재 지체가 없어질 수도 있는데

노조지도부가 강경 정치투쟁으로 일관할 수는 없는 것이다.

어떻게 들릴지 모르겠으나

노조는 기본적으로 이익집단이다.

따라서 정치투쟁에 있어서도

공무원 노조원 개인의 이익(공무원에 대한 부당한 처우 등)을 위한 것과

연결될 경우에 그나마 노조 내부에서 동력을 얻을 수 있다.(일반 국민은 뭘 해도 부정적으로 볼 것이지만…)

물론, 통합공무원노조 이전 전공노나 민공노 지도부가

광우병 사태 국면 등 몇 차례 소위 정치투쟁을 하였다.

그리고 소위 지도부에 해당하는 자들은 거의 해임처분을 당했다.

그게 적법한 것이었는지, 아니면 과도한 것이었는지는

이후 법원에서 판결나겠지만,

문제는 현 정부가 대처하는 방식이다.

아직 일어나지 않은 사안에 대해서까지

지레 예단을 하고 공문으로,

그리고 중간 간부들을 대상으로 한 각종 감사교육 등으로

노조의 존재의의를 부정하는 노골적인 행위를 일삼고 있다.

이런 식이라면,

소위 온건한 노조원들도 괜시리 반발감이 든다.(2009. 10. 30.)

아래 '징계위원님들께 드리는 글'은 2004년 공무원노조의 파업과 관련해 당시 홍성호 지부장이 중앙징계위에 회부되었을 때(중앙징계위에서 해임처분을 받았으나 소청에서 정직으로 감경) 쓴 글입니다.

시기와 일부 사실관계만 다르다 뿐이지 나머지는 그때나 지금이나 마찬가지인 것 같습니다. 세월이 흘렀으니 우리 사회가 좀 더 성숙해야 하지 않나 생각합니다.

감사합니다.

2009년 12월

이상협 드림

3. 징계위원님에게 드리는 글

존경하는 위원님!

차가운 겨울바람이 옷깃 사이를 날카롭게 파고들어 마음까지 얼게 만드는 한 해의 마지막 계절입니다. 거리엔 송년 만남의 떠들썩함과 활기찬 성탄 캐럴이 어우러지고, 한편 그 뒷켠에선 깊은 경기침체에 힘겨워하면서 헐떡거리는 서민들의 무거운 한숨소리가 배어나오고 있습니다.

6, 70년대의 보릿고개 시절에도 그러하지 않았는데 이 21세기에 자살 등 극단적 수단으로 스스로를 포기하고 있는 사람들, 정규직 임금의 절반 수준에 각종 혜택으로부터 배제 대상인 비정규직, 청년 실질 실업률 10%대 육박, 벼랑에 서있는 신용불량자들…

이러한 국가적 위기 앞에서 가장 책임을 통감해야 할 공무원들이 파업을 통해 자신들의 의사를 관철하려 했다는 것은 이유여하를 막론하고 비난을 받아야 마땅하다 생각하겠습니다.

하지만 이런 면도 생각해 보아야 한다고 봅니다.

예로부터 우리는 절대 복종을 역사에서 체득하며 살아왔습니다. 오로지 통치의 대상에 불과했던 조선조까지의 백성의 삶, 그 뒤 황국신민의 서에서 각종 군사정부에의 복종, 그리고 그때의 관성이 지금도 맹위를 떨치고 있는 형국입니다.

여기서 비롯되는 집단주의와 획일주의는 개인의 자아와 창의성을 말살하였으며, 이는 총체적 국가경쟁력 상실로 연결되어 그것이 IMF를 불러왔다고 생각합니다. 우리 공직 내부에 이 집단주의와 획일주의가 얼마나 만연한지는 위원님들도 잘 아실 것입니다.

물론 어쩌면 그 시대로서는 타당한 가치를 가졌기 때문에 제도화되었던 것도 있을 겁니다. 지난 시절의 일사불란한 획일화는 척박한 토양에서 경제개발 등 나름의 역할을 수행했습니다. 중세를 암흑시대로 치부하는 계몽주의자들의 오만을 따를 필요는 없다고 생각합니다.

하지만 다양화되고 세계 경쟁이 극심해진 작금에는 그런 획일화가 더 이상 시대의 가치가 될 수는 없을 것입니다. 그 자리를 비켜주는 것이 마땅할 것입니다. 아래로부터의 자발성은 그로부터 가능해집니다.

현실과 의식의 괴리, 그것이 역사의 비극이라고 독일의 역사가 짐멜은 이야기했습니다. 현명한 리더라면 이런 괴리를 가급적 단축하려고 노력하리라 봅니다.

엊그제 윤성식 정부혁신위원장님이 우리 공무원들은 IQ, EQ가 낮다며 통렬히 우리 행정을 비판한 것은, 이러한 집단주의와 획일화가 공직의 경쟁력을 심각하게 훼손하고 있다는 인식에서 나온 것일 겁니다.

이를 시정하는 데는 다른 방법도 있겠으나 공직 내 견제와 균형의 시스템인 노동조합의 역할 또한 무시하지 못한다고 생각합니다. 이 공무원노동조합이 설립되어 형식적인 법 논리로는 불법이지만 실체적으로 활동한 지 이제 겨우 2년이 넘었습니다.

아직 미성숙하다 보니 직장 내에서 또한 국민들에게 많은 무리와 걱정을 끼쳐드린 점도 많을 것입니다. 하지만 아래로부터의 역동성에 의해 이 집단주의와 획일주의가 많이 없어지고 또 하위직 사기 앙양, 인사 부조리 근절 및 청탁 배격 등을 통해 건전하고 활기찬 공직 문화를 만든 공로도 크다고 생각합니다.

이제 홍성호 지부장의 징계 건으로 돌아옵니다.

우선 지적하고 싶은 것은 징계 요구권자(소추권자)인 공정거래위원회는 당시 체포영장이 발부되어 12월 15일 당일 정시 출근하기가 사실상 어려웠으나, 그래도 오후에 출근하여 과천경찰서에 출두했던 홍 지부장의 행위가 중징계 요구 사안으로는 판단하지 않아 징계 요구를 미루어 왔습니다만, 행자부(행자부 차관이 징계위원장이니 실제적인 징계의결기관, 법원)의 끈질긴 징계 요구안 제출에 어쩔 수 없이 요구안을 제출하기에 이른 모양입니다.

그 징계 요구 사항도, '당일 구속을 두려워하여 정시에 출근하지 않았다'란 막연하고 모호한 사유입니다.

유럽 대륙의 중세 형사절차는 소추를 기다리지 않고 법원이 직권으로 심판하는 규문절차(糾問節次)가 행해졌으나, 프랑스혁명 후 검사의 공소제기가 있어야 소송절차를 시작하는 탄핵주의를 취하게 됩니다. 오늘날의 심리구조인 이 탄핵주의는 소추기관, 피고인, 재판기관의 3면적 소송구조를 취하고, 재판의 공개와 구두주의, 불고불리(不告不理)의 원칙을 채용하게 되며 이는 인권 옹호적 기능을 가집니다. 위의 규문주의는 중세 마녀사냥에서 그 위세를 떨쳤던 인권 말살적 제도이기도 합니다.

존경하는 위원님!

이 변화와 혁신의 21세기에 우리 행정만 중세의 규문주의로 돌아가는 것입니까? 소추권자가 필요성을 느끼지 않는데도 소추하라고 압박을 넣어 목적을 달성하는 것을 보고는 지금 우리의 시간은 몇 시인지를 반문하지 않을 수 없습니다. 이를 바로잡아야 하는 것은 위원님들의 몫이라고 생각합니다.

다음은 그 징계 대상 행위를 보겠습니다.

"12월 15일 당일 구속을 두려워하여 정상적으로 출근하지 못했다."

1926년 소련 형법 제16조는, '공산주의 혁명의 목적상 사회에 위험한 행위는 실정법을 떠나서 처단할 수 있다'고 되어 있으며, 1935년 독일 나치 형법 제2조도 '건전한 국민 감정에 반하는 행위는 법률의 규정이 없어도 처벌할 수 있다'고 되어 있습니다. 법치주의의 포기이자 죄형법정주의의 부정입니다.

행정상 징계에도 마찬가지로 타당할 죄형법정주의의 원리에는 법률주의, 소급효금지의 원칙, 명확성의 원칙 그리고 유추해석금지의 원칙이 있습니다. 이 중 명확성의 원칙은 법규의 구성요건(構成要件)이 명확할 것을 요구하는 것이며 나아가 소추에서도 구체적이고 명확한 위법행위가 적시되어야 한다는 것을 의미한다고 하겠습니다.

이렇게 볼 때 위의 징계요구(소추) 내용은 구체성과 명확성을 결여했다고 보시지는 않습니까? 괘씸죄라 하여 '고위직 감정에 반하는 행위' 는 법률의 규정을 떠나 처벌할 수 있다는 것입니까?

하지만 여하튼 금번 파업에 연루된 것으로 외관상으로 비친 점 등은 홍성호 지부장의 실책이나, 그 한 번의 실책으로 공직에서 배제되는 결과가 온다면 행정법상의 조리인 '평등성' 에 기해 앞으로 동일한 사안에도 그와 같은 처분을 하여야 하며 그렇지 않으면 그런 부작위 자체가 위법이 될 수 있다고 생각합니다.

홍성호 지부장은 평소 성실한 언행과 치밀한 업무 자세로 공정거래위원회 내 상하의 신뢰를 받는 사람입니다. '넘어진 자 땅을 짚고 일어나라' 라는 불가의 말씀처럼 홍 지부장이 한때의 실수를 딛고 다시 일어서서 공정위 내의 신뢰를 받으며 일할 수 있게끔 존경하는 징계위원님들의 선처를 부탁드립니다.

2004. 12. 24.

4. 김○○ 부위원장님께

김○○ 부위원장님께

부위원장님!

지난주에 있었던 5급 승진 내정자 인원 결정 문제와 관련하여 부위원장께서 시종일관 8~9명만 승진시키고 나머지는 행시 출신이나 특채를 하여야 한다고 주장하였던 것으로 알려지고 있습니다. 이전부터 이런 얘기가 들려 왔을 때 저는 반신반의하였으나, 이제는 사실로 받아들이지 않을 수 없을 정도로 많은 직원들에게 회자되고 있습니다. 이런 이야기는 저로 하여금 부위원장님에 대한 실망을 넘어 인간적인 회의까지 느끼게 합니다.

5, 6년 전이었던 것으로 기억합니다. 당시 제가 근무하던 부서에서 부위원장님은 국장으로 계셨습니다. 열심히 일하고 합리적으로 판단하고자 노력하시면서도 대단히 규칙적이고 절제된 생활을 하는 모습을 보고 참으로 훌륭한 분이라는 인상을 받았습니다.

그래서 그 후 국장님께서 상임위원 후보가 되었을 때 그리고 부위원장 후보가 되었을 때, 외부기관의 평가 요청에 대해 대단히 호의적으로 평가를 해 준 기억이 있습니다. 고위 관료들의 인사 시 외부기관이 비공식적으로 평가를 요청해 온다는 사실과 제가 어떻게 평가해 주었다는 것은 이번에 처음으로 밝히는 사항이니 오해 없으시기 바랍니다.

작년 9월경 부위원장님은 조합비 원천징수 금지와 사무실 폐쇄를 일방적으로 노동조합에 통보하였고, 이 문제로 노동조합은 부위원장님과 날선 대립을 한 적이 있었습니다. 당시 부위원장님께서 취임한 지 얼마 되지 않은 상태에서 상황을 잘 몰라서 그러시는 것이겠지 하면서 지나갔습니다.

다행히 얼마 지나지 않아 부위원장님께서는 노조 임원들과 저녁 식사 자리를 마련하셨고, 이 자리에서 지난번 일은 노동조합에 대한 본인의 이해가 부족하여 발생한 것이라고 하면서 앞으로 조직 발전을 위해 많은 대화를 하자고 하셨습니다. 그리고 올 초에도 점심식사 자리를 마련하셔서 노조 임원들과 같이한 자리에서 역시 같은 취지의 말씀을 하신 바 있습니다. 저를 포함한 노조 임원들은 피상적으로 참으로 소탈하고도 솔직한 분이며 조직을 걱정하는 분이라는 인상과 신뢰를 가지게 되었습니다.

5급 승진 내정 문제와 관련하여서는 2, 3주전부터 이런저런 얘기들이 조직 내부에 떠돌았습니다. 인사부서에 문의해 보았자 그간의 행태로 짐작하건대 답변 듣기는 기대난망이었기에, 부위원장님을 찾아뵙고 말씀드리는 것이 좋겠다는 쪽으로 의견이 모아졌습니다.

지난 8일로 기억되는데 저와 임원들이 부위원장님을 찾아뵙고, 5급에서의 고시 비율이 줄어든 이유는 2005년 말 조직을 팀제로 개편한 이후 4급 이상 상위 직급에 행시 출신이 대부분 임용되었고, 변호사 등의 특채자 비율을 높인 것에도 그 원인이 있음과 공정위가 5급 승진하는 데 가장 늦은 부처 중 하나임을 말씀드렸습니다. 이 모든 사정을 묵과하더라도 2006년 말에 정한 인사원칙(기관 측에서 일방적으로 정한 기준이기는 하지만)이 처음으로 시행되는 만큼 이를 지켜 줄 것을 간곡히 부탁드렸습니다.

이에 부위원장님께서는 깊이 고민하고 있으며, 노조의 주장 내용에 대해서는 고려해 보겠다고 답변하셨습니다. 그 후에도 사태가 원만히 풀려가지 않는 것 같아 2, 3일 뒤 위원장님을 찾아뵙고 같은 취지의 말씀을 드렸습니다.

그런데 지난 금요일 아무런 사전 설명도 없이 13명의 승진 내정자 수를 결정하고 전 직원들에게 통보하였습니다. 심지어 인사원칙을 왜 지키지 않았는지에 대해 사후 설명도 한 마디 없었습니다.(들리는 후문으로는 위원장님께서 13명으로 최종 결정하였다고 하는데 사실인지 정확히는 모르겠습니다.)

노조 지부는 월요일인 어제 인사원칙을 위배하여 13명으로 결정한 사유와 관련 결재문서를 요청하는 문서를 발송하였습니다. 문서를 발송한 지 두 시간도 못 되어 기획홍보본부장께서 답변 거부 및 문서 제공 거부를 구두로 통보해 왔는데, 그 이유가 참으로 어이없고 치졸하였습니다. 노조가 아직 설립신고를 하지 않아 줄 수 없다는 것이었는데, 정말 그런 이유로 줄 수 없다는 것이 아니라는 것은 삼척동자도 다 아는 사실 아닙니까? 노조 설립신고가 완료되면 제출할 것을 약속할 수 있습니까?

기획홍보본부장이 독단적으로 답변 및 자료 제출을 거부한다는 결정을 내리지는 않았을 것이고, 식언을 했을 리도 없다고 봅니다. 즉, 자료가 공개되면 곤란하게 될 그 위의 어느 분인가의 재가 내지는 동의가 있었으리라 추측됩니다.

노조의 요구가 아니더라도 직원들의 불만이나 의문사항에 대해 적극적으로 해명하고 이해를 구하는 것이 관리자의 제대로 된 조직운영 방식이라 할 것인데, 사후적으로 그리고 수동적으로 마련된 기회마저 거부하는 것은 어떻게 받아들여야 하는 것입니까?

부위원장님께서 끝까지 8, 9명 만의 승진을 주장하셨다는 항간의 소문이 사실이라 하더라도, 이것만 가지고 부위원장님의 판단이 틀렸다고 단정할 수는 없을 것입니다. 비록 인사원칙은 무시하였으나 무시할 만큼의 다른 급박한 사정이 있다면 정당화 될 수 있다고 보기 때문입니다. 또한, 최종적으로 13명으로 결정한 것도 마찬가지라고 봅니다. 그러나 그 어느 누구도 이에 대해 설명하지 않고 있습니다. 물론, 상황에 따라 인사원칙을 유연하게 적용할 수 있다는 단서조항에 따라 그렇게 했다고 주장할 수 있으나 이 경우에도 그 불가피한 상황이 무엇인지에 대해서는 고위관료의 일방적 판단이 아닌 직원들의 동의가 있어야 할 것입니다.

2003년, 전 직원들의 합의로 마련된 '공정위 인사기준'은 그 동안 고위관료들의 일방적 개정으로 형해화 되었습니다. 2006년 말 인력관리계획 또한 기관측이 일방적으로 정한 기준인데, 이것마저도 지키지 않는 공정위의 현 모습을 어떻게 이해하고 대내외적으로 설명하여야 할까요?

인사원칙이나 관행을 무시하고서도 아무런 설명이 없다면, 혹은 설명할 수 없다면, 이는 인사권의 남용이나 전횡이라 하지 않을 수 없다고 봅니다.

부위원장님!

부위원장님에 대한 항간의 소문은 사실이 아닐 수도 있습니다. 그러나 경위에 대한 답변과 자료제출이 거부되고 있는 상황에서는 소문을 사실로 인정하고 이 글을 쓸 수밖에 없다는 점을 양해하여 주시기 바랍니다.

부위원장님!

이제 저는 부위원장님에 대한 존경과 인간적인 신뢰를 거두고자 합니다. 한때나마 존경과 신뢰의 마음을 가졌던 제 자신의 안목을 탓하면서.

2007년 3월 20일 寅時
중앙행정기관공무원노동조합 공정거래위원회지부장 홍성호 드림

5. 우리 법의 특성

우리나라 법은 법에 따라 분량면에서 최소 일본의 10배, 유럽이나 미국의 20배 정도 되는 것도 많습니다.

거기다 법조항 하나하나가 까다롭고 하위 시행령, 고시, 지침으로 내려가면서 무수히 많아져서 그 부서에서 평생을 밥 먹고 사는 공무원들도 헷갈리고 잘 모르는 경우가 많습니다. 대표적으로 조세감면규제법 같은 경우에는 신만이 안다고 하더군요.

그래서 우리 사회는 지뢰밭이라고 공무원들 자신들이 말합니다. 어느 조항이 어떻게 작용하고 어디서 모르는 조항이 튀어나와 뒤통수를 칠지 알 수가 없는 경우가 많기 때문입니다.

여기다 지키기가 사실상 불가능한 탁상공론적 규정들도 많습니다. 예전 GM에 출장 갔을 때 법무팀장이 미국 어느 유명대학 로스쿨 출신이었습니다. 그 분이 공정위에서 만든 기술 유출 관련 지침을 말하면서 한숨을 쉬더군요. 이런 걸 어떻게 지키느냐고. 제가 봐도 그냥 이것저것 모자이크해서 까다롭기만 했지 효과는 하나도 없어 보이는 전형적 보여주기 식 지침이었습니다.

'지나치게 엄격한 법은 그 자체가 불공정이다' 라는 로마법 격언이 있습니다. 지나치게 엄격한 법은 전반적으로 집행하기는 불가능합니다, 사회 전체가 교도소로 변하니까요. 그럼 미운 사람만 골라서 법을 들이대는 것입니다. 표적사정 같은 것이지요.

이렇게 법이 지나치게 엄격하면 법 자체에 불공정성을 내포하고 있는 것이지요. 법을 목적과 취지에 어울리게 합리적으로 운용하는 것이 아니라 경직적이고 교조적, 탈레반 식으로 그리고 선무당 칼춤 추는 식으로 하는 것을 우리는 가끔 보지를 않습니까.

이렇게 된 이유는 법들이 제대로 된 여론수렴이나 현실의 필요성 등을 반영해서 만들어진 게 아니고, 그때그때 여론무마용 내지 호도용 등 이벤트 식으로 만들어진 것이 많기 때문입니다.

법 집행의 문제 등은 전연 생각을 안 합니다. 이런 거창한 법 만들었다 하면서 언론플레이 한 번 하고 끝입니다. 언론 플레이가 목적이지 다른 것은 전연 고려사항이 아닙니다.

제가 생각하기로는 앞으로 국회의 역할은 이렇게 현실과 맞지 않는 무수한 지뢰밭 법규들을 없애는 것에 있다고 봅니다.

6. 목요장터

(어느 山友가 쓴 글입니다.)

　—질서는 너처럼 가장 고통 받아온 사람의 눈높이에서 다시 세워
가야 하는 것이다.—

　외출할 일이 없는 날이면 늘 들르고는 하는 동네 아파트 근처에
는 목요일마다 장이 선다. 언제부터 서기 시작했는지 정확히 기억
은 안 나지만 조금씩 그 규모가 커지고 있을 뿐더러 물건을 파는
상인들의 모습이나 그 내놓는 물건들의 종류가 날로 다양해지고
있는 걸로 미루어 동네 사람들의 호응이 적지 않은 게 분명하다.

　장터에는 생선이나 야채, 곡식들을 제대로 진열해 놓고 파는 원
조 장사꾼뿐 아니라 평범한 아가씨들이 두셋씩 짝지어 손수 만든
액세서리나 목도리, 모자 같은 걸 들고 나와 팔기도 하고, 집안에
서 살림만 하던 주부들이 몇 가지 소품들을 싸게 떼어다가 좌판에
놓고 팔기도 한다.

그러다가 서로 맘에 드는 게 있으면 자기들끼리 사고팔기도 하니 대체 누가 장사하는 사람이고 누가 사는 손님인지 구분이 안 가기도 한다. 그 시장 끝에는 일산 YWCA에서 주관하는 벼룩시장이 빌붙어 열린다. 나는 이 벼룩시장의 단골 중 단골이다. 이곳에서는 만 원 한 장이면 머리끝부터 발끝까지 완벽 코디가 가능하다.

이미 갖고 있는 옷들도 평균 가격이 5천 원을 넘지 않지만(가끔 만 원짜리도 섞여 있음), 이 시장에서는 천 원짜리 상의를 과감하게 50프로 세일하여 5백 원에 살 수도 있으니 물건의 가치뿐 아니라 화폐가치조차도 완전히 달라지는 느낌이다.

김지하는 '시장을 피할 수 없다면 시장을 성화(聖化)하라'고 말하는데, 나는 이 시장을 만나기 전까지 사실 시장은 합리화될 수는 있을지언정 성화될 수는 없다고 생각하는 편이었다.

그런데 이 벼룩시장을 단골로 드나들게 된 뒤부터는 생각이 좀 달라졌다. 철저히 물질에 의존해 살면서도 내가 얼마나 물질에 대해 무례했는지, 물질에 혼이 담기면, 아니 물질을 사용하는 사람이 거기에 혼을 담으면 물질의 수명이 얼마나 가치 있게 늘어날 수 있는지를 깨닫고는 하기 때문이다. 벼룩시장에 나와 있는 물건들이 여느 상품들보다 거룩해 보이는 것은 어느덧 생명을 얻은 물건 스스로 제 역사를 드러내며 살아 있음을 강변하기 때문일 것이다.

엊그제 목요일, 여느 때처럼 장터를 통과하면서 아내와 아이가 좋아하는 꽁치도 몇 마리 사고, 내가 좋아하는 버섯이랑 야채도 좀 사고, 바닥에 달랑달랑하는 콩이랑 좁쌀도 사고, 마침내 장터 끝에 자리 잡은 벼룩시장에 이르러 딸아이 운동화까지 천 원에 사 들고 는 잠시 쉴 겸 아파트 뒷마당 벤치에 앉았다.(아내가 늦은 8시 반에 퇴근해서 가끔은 주부 노릇도 함)

자판기에서 뽑아든 커피 향과 꽁치 비린내가 두리뭉실 섞이는 가운데 나른한 일상이 푹푹 발효되는 냄새를 맡으며 '아, 이쯤이면 살 만하다. 살 만하다' 속으로 읊조리고 있는데 어디선가 웅성 웅성 싸우는 소리가 들려왔다.

장터에서 싸움 구경을 하게 되는 게 어제 오늘 일은 아니었으므로 그저 무심하게 듣고 있었는데, 어느 순간 도저히 호기심을 누를 수 없어 싸움 난 곳을 향해 발걸음을 옮겼다.

내가 처음 목격한 상황은 한 아줌마가 여러 명의 남자들에 둘러싸여 외롭게 싸우고 있는 모습이었다. 하지만 수적으로만 열세였을 뿐, 죽을 각오로 핏발을 세우고 몸부림치며 비명에 가까운 소리를 질러대는 이 아줌마 한 명을 여럿의 남정네들이 당해내지 못하고 있었다.

싸움이 진행될수록 서로를 부르는 호칭도 달라져갔다.

"아주머니 ⇒ 아줌마 ⇒ 이 양반아 ⇒ 이 여자야 ⇒ 이 xx년아!"

"사장님 ⇒ 아저씨 ⇒ 이놈아 ⇒ 이 빌어먹을 개xx들아"

남들 싸우는 것 적잖게 봐 왔지만 그렇게 여러 남자들에 둘러싸여서도 조금도 기죽지 않고 오히려 갈수록 더 서슬이 퍼래지면서 독기를 내뿜는 여자의 모습은 처음 본 것 같다.

어쨌든 한동안 지켜보며 경청한 결과 싸움의 원인은 이런 것이었다.

장터 사거리 한켠에서 아동복 정품을 취급하던 이 아줌마, 시장통에서는 그래도 자부심을 갖고 '서 있는 옷'들을 팔아 왔는데(내게 정품은 '서 있는 옷', 비품 혹은 덤핑 처리품은 '쓰러진 옷'이다), 갑자기 그 아줌마가 자리한 골목 전체를 차지하고 아동복을 쓰러뜨려 놓고 덤핑 처리하는 전문 장사 '꾼'들이 몰려든 것이다. 규모도 워낙 크게 진을 친데다가 장정 몇몇이 함께 저지른 일이라 이 아줌마 찍소리도 못 해 보고 속만 끓여 왔나 보다.

자기가 파는 옷보다 질이 크게 떨어지지도 않는 옷들을 거의 5분에 1 내지 10분에 1 가격으로 팔아대니 이 아줌마 견딜 재간이 없었던 게다. 그렇다고 힘들게 지켜 온 자리를 포기하고 다른 데로 옮겨 갈 수도 없는 노릇이었다. 결론은 한 가지, 종목을 바꾸는 수밖에.

　오늘부터 맘을 달리 먹고 고구마와 감자 양파 등속의 야채들을
취급하기로 한 것이다.

　그런데 문제는 바로 대각선으로 마주보는 자리에서 이미 적잖은
규모로 같은 품목을 팔고 있는 아저씨 장사꾼들이 있었다는 것이
다. 당연, 가만있을 리가 없다. 먼저 자리 잡고 있던 아저씨들이 들
고 일어섰다. 이미 팔고 있는 물건을 나중 들어온 사람이 허락도
없이 파는 건 상거래에 어긋난다는 게 아저씨들의 주장이었다. 하
지만 아줌마의 저항도 만만치 않았다. 왜 그런 상거래 규율이 자기
한테만 적용되느냐는 것이었다.

　결국 아저씨들이 한 마디 하면 열 마디씩 대꾸하며 핏대를 세우
는 아줌마 기세에 견디다 못한 아저씨들이 먼저 물러났다. 그래도
아줌마는 분이 풀리지 않았는지 얼굴을 붉힌 채 씩씩거리며 몸을
떨고 있었다. 누가 건드리기만 해도 폭탄처럼 터져버릴 것 같은 모
습이었다.

　"여기 포기하면 어딜 가라구? 난 안 갈 거다 이놈들아. 백 번 밀
어내 봐라, 내가 밀려나나!"

　그렇게 혼잣말을 되풀이하면서 말이다.

　아줌마는 그동안 누구에게 말도 못한 채 속으로만 쌓아 두었던

분노와 억울함을 이 싸움에서 다 털어내고 있는 것 같았다.

더 이상 물러나려야 물러날 자리가 없는 인간이 뿜을 수밖에 없는 독기와 분기가 그 아줌마의 얼굴에서 떠나지를 않았다.

그런데 편의점에서 사온 깡소주를 끼리끼리 한 잔씩 돌려 마시던 아저씨 가운데 한 명이 불쑥 일어나 갑자기 그 아줌마한테로 가더니 소주 한 잔을 건네는 것이었다. 그러면서 하는 말, "아줌마, 고구마 팔기 전에 '나 고구마 팔겠소' 하고 양해만 구했어도 좋잖어? 여기도 여기 나름의 질서라는 게 있는데, 이렇게 어기기 시작하면 정말로 함께 다 죽자는 얘기야."

아줌마는 마지못해 소주잔을 받으면서도 꼿꼿하고 분기어린 태도는 조금도 풀지 않은 채 대답했다.

"양해를 구하면? 미리 말을 하면? 그래 고구마 파쇼, 그랬을 거 같어?"

"허허, 이 아줌마 참!"

무안한 듯 아저씨가 몇 마디 더 던지다가 돌아가 버리고 마침내 아줌마는 완전히 혼자 남았다. 구경꾼들도 거의 흩어져 버렸다.

싸울 대상도, 제 이야기를 들어줄 청중도 다 떠나고 난 빈 자리. 홀로 남은 아줌마는 분명 모든 긴장이 풀리면서 그 자리에 풀썩 주저앉고 싶었을 게다.

그렇지만 절대로 그럴 수가 없었을 게다. 거기서 무너지면 끝이라는 걸 그동안 몸으로 배워 왔을 테니까.

그런데 그때, 맞은편에서 초라한 좌판 위에 나물이랑 호박이랑 대파 따위를 옹색하게 올려놓고 팔던 할머니가 이 싸움을 처음부터 끝까지 다 지켜보고서는 그 아줌마한테 와서 딱 한 마디를 건네는 것이었다.

"새댁, 나 고구마 한 근만 줘."

분노의 전신갑주를 입은 듯 찔러도 피 한 방을 안 날 것 같은 아줌마.

갑자기 삶은 당면처럼 표정이 풀어지면서 마구 눈물을 쏟아내는 거였다. 한 마디 대꾸도 없이 손으로는 하염없이 고구마를 비닐에 담으면서 말이다.

시장통 한구석에서 늙어 오신 할머니, 그 높은 연세에도 여전히 좌판을 떠날 수 없는 그 할머니는 아마 그렇게 힘겨운 싸움을 치르고 난 사람에게 어떤 위로를 보내야 하는지 잘 알고 계셨을 거다.

장사꾼에게 물건을 팔아주는 건, 그 할머니가 오랫동안 장터의 찬바람 속에 골진 인생을 살아오시면서 터득하게 된 최대의 위로가 아니었을까?

아니, 그 행동에는 그 이상의 메시지가 담겨 있는지도 모르겠다.

'나는 네가 여기서 장사하는 걸 인정하겠다. 넌, 그럴 자격이 있다. 질서는 너처럼 가장 고통 받아 온 사람의 눈높이에서 다시 세워 가야 하는 거다.'

뭐, 그런 뜻 말이다.

끝내 장터의 손님일 수밖에 없던 나와 달리, 장터와 몸이 하나인 채 살아가는 그들은 어떤 상황에서 어떻게 말 걸기를 시도해야 하는지 본능적으로 알고 있는 듯했다.

나와 그들의 결정적 차이였다. 그 차이가 나를 숙연하게 했다. 집에 오는데 들고 있던 봉지에서 꽁치 비린내가 더 심하게 풍겨오는 것 같았다.

제5부

보다 나은
사회를 향해

고된 일상 바꿀 수 있는 법,
재벌들이 막고 있다

– 평범한 시민들에게 '경제민주화' 가 필요한 이유 –

박상인(경실련 정책위원장 및 서울대학교 교수)

2020년 늦가을에도 여전히 고단한 삶을 이어가는 시민들이 대부분이다. 청년 시민이 당면하는 취업난 문제, 저출산 문제, 40대 후반 50대 초반 직장인에게 엄습하는 조기 퇴직, 자영업으로 내몰려 창업해도 3년 안에 또 다시 폐업으로 내몰리고 결국 노인 빈곤의 나락으로 떨어지는 현실, 갈수록 심각해지는 경제적 사회적 양극화와 사다리 걷어차기 등등이 청년, 장년, 노년인 시민들의 어깨를 무겁게 짓누르고 있다. 경제민주화가 이런 우리의 삶을 과연 바꿀 수 있을까?

경제민주화는 우리 헌법이 지향하고 있는 기본 정신 중 하나이다. 헌법 제119조 제2항은 '국가는 균형 있는 국민경제의 성장 및 안정과 적정한 소득의 분배를 유지하고 시장의 지배와 경제력의 남용을 방지하며 경제주체간의 조화를 통한 경제의 민주화를 위하여 경제에 관한 규제와 조정을 할 수 있다'고 규정하고 있다. 따라서 문자 그대로 경제민주화가 실현된다면 균형 있는 국민경제의 성장 및 안정을 달성하면서, 적정한 소득의 분배와 경제주체간의 조화가 달성되어야 한다. 다시 말하자면 경제민주화로 우리의 삶과 일상이 바뀔 수 있고, 또 바뀌어야 한다.

어디서부터 잘못됐을까

그런데 왜 이런 헌법정신이 실현되지 못하고 있는 상태가 지속되는 것일까? 경제민주화 요건의 달성을 위해서는 재벌개혁과 더불어 '지속가능하고 포용적인' 시장경제체제 정립을 위한 개혁들이 필요하다. 그러나 이런 개혁 정책은 재벌 총수 일가를 정점으로 하는 우리 사회 기득권의 저항과 방해로 첫 발도 제대로 못 떼고 있다.

재벌은 총수가 있는 대규모기업집단을 의미한다. 대규모기업집단은 경제력 집중을 야기하고, 이런 경제력 집중은 민주적 통제나 사법적 통제를 제대로 받지 않는 재벌총수의 불법·편법적 사익추구를 허용한다. 따라서 재벌 문제는 기업 또는 기업집단 내부의 문제와 특정 기업집단을 뛰어넘어, 산업·경제·사회 전반으로 확산된다. 재벌대기업 중심의 제조업에서, 하청기업에 대한 단가 후려치기는 노동시장의 분절적 구조를 심화시키고, 중소·대기업의 임금 격차와 비정규직·정규직 임금 격차가 심화된다.

'단가 후려치기'로 원가경쟁력을 유지하는 재벌대기업은 인적자본을 중요하게 여길 이유가 없고, 결국 이는 직장인들을 조기퇴직으로 내몰고 있다. 조기퇴직자들은 자영업으로 내몰리고, 과잉 공급 상태에 빠진 자영업자들은 대부분 3년 이내에 폐업하고 노인 빈곤층으로 내몰리고 있다. 이를 지켜보는 청년들은 공무원 시험과 공기업 취업에 매달리는 '취준생(취업준비생)'이 되고, 높은 청년실업률과 노동시장 진입의 지체현상이 발생하고 있다.

더 짧아진 예상 근무 연수는 미래에 대한 불확실성을 더욱 높이고, 청년들은 결혼을 늦추고 결혼 이후에도 출산을 머뭇거리게 된다. 결국 저출산, 청년실업, 조기퇴직, 자영업 문제, 노인 빈곤, 양극화 심화 등의 사회적 문제들은 재벌 중심의 경제 구조의 개혁 없이는 해결될 수 없다. 이뿐만 아니다. 중소기업들의 단가를 후려쳐서 유지해 온 제조업 가격경쟁력도 신흥국에 의해 잠식되고, GDP의 30% 가까이 차지하는 우리 제조업은 글로벌 경쟁력을 잃고 있다.

혁신형 경제로의 이행과 우리 삶의 회복을 위해, 정부와 국회는 더 이상 머뭇거리지 말고 재벌의 경제력 집중을 해소하는 경제구조 개혁과 징벌 배상 및 디스커버리 제도 등을 시행해야 한다. 이런 개혁을 통해, 재벌대기업 중심의 산업구조를 기술력 있는 중소·중견기업과 인적자본 중심의 산업구조로 바꿀 수 있다. 또 이런 새로운 산업구조 하에서 대·중소기업 임금격차도 줄어들며, 제조업에서의 양질의 민간 일자리 창출이 가능하고, 나아가 민생경제의 회복이 이루어질 수 있다. 따라서 시민에게 경제민주화와 재벌개혁은 나의 삶과 직결된 문제이다. 그러나 시민인 우리가 행동하지 않는다면, 정치도 바뀌지 않고 재벌개혁도 불가능할 것이다.

공정 경제, 착취 경제

우리의 하도급 및 대리점 시스템 등을 보면, 분업의 원리에 의해 각자가 정당한 성과를 가져가는 것이 아니라 많은 경우 재벌 대기업들이 협력업체를 착취하여 자기 성과 이상을 가져가고 있다.

각자가 정당한 자기 성과를 가져가는 것을 공정경제라 하고 대기업이 성과 이상을 가져가는 것을 착취경제라 할 수 있습니다. 독일이나 일본의 자동차산업을 보면 벤츠 등 완성차 업체나 하도급 업체나 영업이익률이 비슷하다. 우리는 엄청난 차이가 난다. 그 차이분만큼 착취되었다고 보면 될 거 같다.

불행히도 우리는 후자에 해당하고 문재인 정부도 이전 이명박·박근혜 정권 때와 마찬가지로 이 착취 시스템을 방조 내지 방관하고 있다고 생각한다.

일자리 창출의 지름길은 시장경제의 질서 확립

(○○전자의 기술 탈취로 인하여 회사가 날라 간 조성구 사장의 글입니다.)

예전의 국가 폭력은 독재자가 경찰과 검찰을 이용해서 자행했다. 요즘은 재벌이 썩은 판검사를 앞세워서 저지르는 형국이다. 개인이나 중소기업, 벤처가 재벌 상대로 이겨본 적이 없다. 패소는 경제적 살인으로 이어진다. 국가폭력이나 다름없다.

일자리 창출의 지름길은 시장경제의 질서 확립이다. 대기업들의 불공정거래와 사기행각만 제대로 규제해도 수많은 벤처와 중소기업이 살아나서 고용을 증대한다. 공룡 같은 재벌이 날뛰는 한 벤처와 중소기업은 숨조차 쉴 수 없다.

시장경제 질서가 지켜지지 않으면 재벌만 남고 다 죽는다. 우린 그런 동물의 세계를 원하지 않는다. 사자와 호랑이만 남아 있으면 어떻게 되겠는가. 결국 사자와 호랑이 서로가 물어뜯고 싸울 수밖에 없다. 서로가 공멸로 가는 길이다.

삼성 법무팀장했던 김용철 변호사가 그랬다.

"대한민국에 언제 정의가 있었나요. 검사 개개인의 문제라기보다는 시스템의 문제입니다. 절대 복종케 하는 검찰의 조직문화가 잘못된 것입니다. 당분간 이 나라는 희망 없으니 막걸리나 드세요."

이 이야기 들은 지도 10년이 넘었지만 대한민국은 조금도 변하지 않았다. 촛불을 들어도 마찬가지다.

우리나라에 부품과 소재 등 원천기술이 절대적으로 부족한 이유는 기술력 있는 중기와 벤처가 없기 때문이다. 오래 전부터 재벌들이 중기와 벤처를 착취했으니 그 씨가 마른 것이다.

이에 정부가 조 단위로 기술개발에 직접 투자하겠다고 한다. 허나 이 방법도 틀린 것이다. 삼성의 사내유보금만 291조가 넘는다. 기술개발비 투자는 해당기업의 돈으로 해야 하기 때문이다.

우리나라는 재벌에게 전기세마저 헐값이다. 여기에 중기와 벤처기업을 상대로 온갖 악랄한 사기행각에 기업사냥을 해도 검찰과 법원, 공정위가 무조건 덮었다. 서로 망하는 미친 짓이었다. 그러니 일본에게 당하는 것이다.

하도급 사업자들이 원하는 것

('수급사업자' 란 하도급 사업자를 지칭하는 공식 용어입니다. 그리고 여기서 '서면조사' 란 공정위에서 매년 실시하는 하도급 서면 실태조사를 말합니다.)

□ 수급사업자 건의사항

○ 원자재 인상·인하 관련 외국의 통계 및 자료를 비싼 회원료로 인해 중소기업이 보기는 어려우니 공정위나 중기청 사이트에 게시해 주면 함.

○ 하도급을 주는 모든 대기업의 영업이익을 한 곳에서 볼 수 있는 제도가 필요함.

○ 대기업 구매담당자와 중소기업 영업 및 실무 담당자를 대기업에 모아서 함께 하도급법 강의를 하는 방법도 좋음.

○ 은행에서 어음용지를 줄 때만 체크하지 말고 어음을 발행할 때도 실시간 체크하여 의도적인 부도를 방지해 줄 것. 또한 어음 부도 시 은행도 연대책임을 지는 방안도 강구해 볼 만함.

○ 서면 조사서에 '거의 일방적인 단가인하 목표를 정해 놓고 합의할 수밖에 없는 압력을 가하면서 합의를 강요한다' 라는 설문 조항을 추가하여 주었으면 함.

○ 서면 실태조사에서 아이디와 비번을 입력하여 기본 정보를 노출한 상태에서 비밀보장이 될 수 없다고 봄. 진실한 답변을 받기 위해서는 비밀보장이 엄격히 되어야만 함.
  －해마다 서면조사를 하지만 변한 것은 없음. 문제점을 알고 있을 텐데 어떤 개선도 없었음.

○ 모기업과 협력사와의 순이익률, 근로시간, 인상 연봉을 해마

다 10대 그룹사를 대상으로 실사 비교하여 상생지수로 발표하는 것이 좋음. 금융 지원으로 상생 평가를 하는 것은 형식적임.

○ 서면 조사기간을 7월 1일~12월 31일로 하는데 대부분 단가 인하는 연초에 이루어짐. 개선 요망.

□ 대기업 원사업자들의 일반적 행태

○ 대기업들의 최저가 낙찰제 운용으로 인해 하도급 업체들은 출혈경쟁을 할 수밖에 없으며, 이는 다시 하위의 하도급 업체, 일용노동자, 자재 납품업체까지 연쇄적으로 출혈경쟁을 야기시킴. 이는 대기업의 제품구매력 저하로, 경제의 저성장으로 이어짐.

○ 대기업들은 경쟁입찰 시 2회 이상 반복하여 입찰을 하게 하여 과당 저가경쟁을 유도함. 입찰의 의미가 없음.

○ 대기업의 전자입찰제도는 최저가이면서 예정가격이 이익을 볼 수 없는 가격으로 입찰을 하고 있음.
－실질적 공정거래도 되지 않고 상생의 정신도 없는 것이 공기업 및 대기업임.

○ 20대 그룹, 특히 5대 그룹의 하도급 업체에 대한 단가인하는 절실하게 개선되어야 함. 정부에서 아무리 상생협력을 강조한다 해도 대기업은 난공불락이고 단가인하는 여러 가지 무형의 형태로 나타남.

○ 대부분, 2차 및 3차 납품업체(1차 가공업체)가 원자재를 구매하여 1차 납품업체(2차 가공업체)에 납품하므로 원자재 상승분은 1차 가공업체가 부담하게 됨.

○ 하도급 업체도 부가가치가 발생해야 재투자를 해서 시설 합리화, 품질향상, 원가절감을 할 수 있음. 제조업은 재투자를 해야 생명력을 유지하고 그렇지 않음 도태됨. 높은 분들의 상생, 공생하는 소리는 허공에 메아리칠 뿐, 밑에서 일감 얻어 일하는 하도급 업체들은 그날그날 연명하기도 벅찬 실정임.

○ 대중소기업 상생협력은 허울뿐이고 갑과 을의 제왕적이고 주종적인 관계는 날로 심화됨. 갑측은 빤히 보이는 낭비와 원가절감 대상도 노동조합의 권위에 위축되어 아무 말 못 하고, 협력사에게만 인원 감축 요구, 내부 자료 요구 등을 하며 생상(相生)이 아닌 생사(相死)의 길을 걷게 하고 있음.

○ 원사업자의 시간당 임률은 46,000원이지만 하도급 업체에는 그 1/5만 인정함. 하지만 불량품의 경우 원사업자의 임률에 따라 공제를 함.

○ 대기업은 동의서를 무기로 모든 절차를 합법화함.

○ 개선할 사항은 많음. 공공연한 사실이지만 피해가 올까 두려워 속앓이하는 업체들이 많음. 사실을 알려도 시정이 안 되기 때문에 불공정거래를 당해도 이제는 포기하고 현실에 맞추어 살고 있음.

○ 대기업들은 사전통보 없이 거래를 중단하거나 거래선을 변경시키는 경우가 많음. 단가인상 요청을 하면 거래선을 중국산이나 동남아산으로 돌려 버리기 때문에 중소업체들은 고사 상태임.
－품질 개선은커녕 폐업을 생각하는 경우가 많음.

○ 납품한 물건이 시스템의 일부(부품)인데도 원사업자가 발주자와의 계약조건과 동일한 하자보증기간(1~3년)을 요구함. 하지만 1년 이상의 하자보증에 대한 별도의 비용은 인정하지 않음. 하자보증율도 통상 10%를 요구하는데 발주자와 동일한 하자 보증율(1.5~5%)로 개선 요망함.

○ 가단가 기간이 1, 2년씩 지속되고 수십 번 공문을 보내 정단 가로 해줄 것을 요청해도 잘 해주지 않음.

○ 구두로 납품 준비를 시키고서는 경우에 따라 발주서를 주지 않아 악성 재고로 남음. 모델 변경이나 기종 변경 시 연간 손실비용이 연매출의 10%까지 가는 경우도 있음.

□ 자동차업종의 하도급 관련 불만사항

○ 가장 심각한 부분이 자동차 관련 업종임. 매년 시행되는 CR 이라는 강제적 단가인하를 추진하니 힘이 듦.

○ 매년 대출해서 공장을 운영하는 실정임. 현재 방식으론 2, 3차 업체는 얼마 못 가서 공멸할 것임. 모든 물가는 상승하는데, 10년 전 품목도 CR을 함. 자동차업계 하도급은 완전히 바꾸어야 함.

○ 대기업 원사업자는 매년 경쟁입찰을 통해 하도급 단가를 낮추고 있음. 하지만 하도급 업체 직원 급여는 물가상승률 이상으로 주어야만 장기근속자가 늘어나서 품질이 좋아짐. 하지만 자동차업계나 조선업계는 끊임없이 하도급 업체를 압박함.
  ─따라서 양질의 근로자를 내보내고 외국인 노동자를 쓸 수밖에

없음. 문제의 원인은 ○○중공업 등 대기업으로 겉으로는 공정거래질서를 잘 지키는 것처럼 보이나(현금결제 등) 실제로는 매년 단가인하를 함.

○ 자동차의 경우 모기업에서 원재료비 인상을 제대로 반영해 주지 않아 많은 손실을 보고 있음. 예를 들면, ○○○○차의 천연고무 원재료비 표준가가 2,531원인데 2차 협력사의 경우 구매단가가 5,200원임.

−따라서 협력사는 납품을 할수록 이익이 줄고 모기업은 이익이 남아서 성과급을 가져가는데 협력사는 임금도 제대로 못 올려 주고 한숨만 쉼. 계속 이렇게 되면 중소기업이 살아날 수 없음. 대기업이 이익을 나누고 상생하는 날이 왔으면 함.

○ 가공비 단가는 10년 전 그대로 적용하고 고철 값 오르는 것은 오르는 대로 다 회수하여 단가 깎는 만큼 대기업은 물가상승에 따라 판매가를 인상하고 고철비에서도 이익이 나니 이익이 클 수밖에 없음.

○ ○○차에서 분기별로 최저입찰 합금회사에 알루미늄의 ○○차 납품권을 줌. 그러나 2, 3차 업체는 ○○차 입찰가로는 원자재를 구매할 수 없고 10% 정도 더 주어야 함. 그럼에도 원사업자들

은 ○○차 낙찰가만 구매가격으로 인정해 줌.

　- 2, 3차 벤더들이 직접 구매하는 구매가를 인정해 주든지 사급을 해주든지 해야 함.

　○ 자동차 업체 대부분은 생산실적으로 월 마감하여 실질적 납품 수량으로 결제받지 못함.

　○ 2, 3차 협력업체들의 어려움은 국제원자재 가격상승 때문에도 가중. 2009, 2010년 모든 수입원자재(철강, 비철류) 가격은 50~100% 인상되었으나 완성차 업체와 1차 업체는 단가인하를 반복하여 2, 3차 협력업체는 한계상황에 직면해 있음.

　-대기업들이 매년 수천억, 수조 원의 영업이익을 내면서 중소기업의 생존 환경을 붕괴시키는 것은 대한민국을 붕괴시키는 것임.

　○ ○○차나 ○○중공업은 클레임 비용 등까지 감안해서 차량 등의 가격을 결정하지만, 실제 클레임이 발생하면 모든 비용을 하도급 대금에서 변상 처리케 함.

　○ 모든 물가(인건비, 전기 기타 부대비용)는 오르는데 원청인 자동차 업체는 가격인하를 하면 인하된 가격을 고스란히 3, 4차 협력업체가 떠안아야 함. 앞으로 20인 미만 소규모 자동차부품 업체는 근

본적인 대책이 강구되지 않는 한 쓰러질 것.

-비전이 없으니까 일할 사람도 없고 은행돈은 빌려 썼고 언제일지 모르나 문 닫을 날만 기다림.

○ 2차 협력업체인데 ○○차가 1차 벤더에 3~5%를 CR하니 1차 벤더도 할 수 없이 2차 벤더에 3~5% CR함. 원재료비, 전기, 가스, 인건비 등은 매년 오르고 원자재 업체는 대기업이라 시도 때도 없이 가격인상을 하고 있음.

-이러한 ○○차의 불공정행위를 공정위도 알 것 아닌가?

○ 자동차 업종에는 재공품이란 이름으로 자재창고, 조립생산라인, 출고대기 상태의 모든 재고를 재공품으로 보고 원사업자의 공장 출고 시 기준으로 결재해 줌.

○ 납품단가를 매년 인하하고 1일 발주를 하기 때문에 자동차 협력업체는 3개월 정도의 재고를 가지고 있음. 하지만 단종 시 1개월 정도만 인정해 주어 단종이나 제품 형상 변경 시 2개월치 재고는 폐기해야 하는 일도 벌어짐.

□ 전자, IT 업종의 하도급 관련 불만사항

○ ○○○사 ○○○ 회장의 말씀이 10년 전부터 상생을 하라고 말했는데 임원들이 말을 안 듣는다고 하는데 내부적으로 분기실적, 반기실적, 전년대비 수익률, 목표대비 개인별 실적을 따져서 성과급을 차등 지급하고 진급에서 누락되고 임원 탈락이 되는 현실에서 아무도 상생을 하지 않음.

○ 대기업이 분기별·월별로 단가인하 압박을 하니 2, 3차 벤더들의 고충이 심화됨.
- User(대기업)들의 단가인하 정책에 대한 근본적인 변화가 필요함.

○ ○○전자 반도체 구매 발주에 문제가 많음. 전년 대비 많이 깎을수록 인센티브, 보너스 및 연봉이 오르기 때문에 매년 12월이면 10% 깎는 것은 연례 행사임. 현장 라인의 부품 사용 설비기술자는 전년대비 적게 사용하고 아껴 써야 인센티브와 보너스가 오르기 때문에 1차 협력업체들은 A/S를 약 2년간 공짜로 해줘야 하고 2차 협력업체들도 그 기간만큼 공짜로 부품을 조달해 주어야 함.
- 똑같은 제품을 1차 업체에는 10%, 많게는(신규업체 대기시켜 놓고) 30%까지 설비 가격을 인하하기 때문에 2차 협력업체는 매년 10% 이상 인하를 당하고 있음. 더 이상 재투자는 불가능한 실정

임.

○ 대형 통신사 및 1차 하청을 받는 SI업체 등은 클레임 발생 시 모든 책임을 2차 협력업체에 떠넘김.

−선금, 중도금, 잔금 지급시도 원청에서 수령했음에도 내부결제 지연을 이유로 최대한 지연시킴.

−산자부, 과기부의 용역 단가는 완전 무용지물이며 법정 단가의 50%에 일을 하는 경우도 있음. 개발비를 추가해 주지 않고 기간을 연장하는 것이 대부분임.

□ 건설업종의 하도급 관련 불만사항

○ 대기업 건설사들은 잔금 지급을 납품 후 시운전 완료시로 하여 잔금에 대한 세금계산서도 발행 못 하게 함. 또한 계산서 발행 자체를 공급자(하도급 사업자)가 아니라 공급받는 자(원사업자)가 하는 경우(역발행이라 함)가 대부분. 1년 넘게 잔금을 못 받는 경우도 비일비재함.

○ 무한 최저가 입찰로 인해 전문 건설업체가 줄도산 위기임. 최저가에서 다시 추가 인하하여 원가에도 못 미치는 공사를 함.

○ 원사업자가 목적물 수령 후 하도급 대금을 늦게 지급하기 위해 세금계산서 수령을 늦추거나 발행일자를 기록하지 않은 세금계산서를 요구함.

원사업자들이 원하는 것

('원사업자'란 원청 사업자를 지칭하는 공식 용어입니다. 여기서도 '서면조사'란 공정위에서 매년 실시하는 하도급 서면 실태조사를 말합니다.
원사업자는 현대자동차와 같은 대-슈퍼-기업, 중견기업 그리고 규모가 작은 중소기업도 원사업자가 될 수가 있습니다. 이것은 주로 중견 원사업자들의 의견이라 보시면 됩니다.)

□ 원사업자 건의사항

○ 원사업자와 수급사업자간의 협력관계 증진을 위해서 양 사업자간 소통의 기회가 많아져야 할 것임. 양 사업자간 대화를 통하여 상생할 수 있는 방안을 모색하고 발전적 방향을 설계할 수 있는 길을 설계해야 함.

－여기에 공정거래위원회 같은 공신력 있는 기관이 함께하여 3자간 소통의 자리가 만들어지면 더욱 시너지 효과가 있을 것임. 원사업자와 수급사업자간 간담회 등 미팅 마련 등 정부차원의 모임 구축 지원이 필요함.

－원사업자나 수급사업자에 대한 일방적 규제보다 상호 대화를 많이 가지는 것이 실질적인 관계개선에 더 도움이 될 것이라는 것에 공감대가 형성되어 있음. 그러한 대화의 기회를 확대할 수 있는 정책방향도 생각해 주시기 바람.

－원·수급사업자간 애로사항을 듣고 조치 가능한 전달기구가 필요함.

－명실상부하게 수평적인 협력관계로 일을 잘하고 있는 사례를 공개하여 다른 업체들이 벤치마킹할 수 있게 해주었으면 함.

○ 수출이 많은 업체의 경우 해외 거래처에서 대금 입금이 3개월에서 6개월인데 국내 수급사업자들에게 60일 이내에 하도급 대금을 지급토록 하는 것은 개선해야 한다고 봄.

○ 하도급 단가 산정에 영향을 미치는 원재료 가격정보 공유가 필요함.

○ 예전에는 하도급업체 기준이 매출액과 종업원 1/2 기준이었으나 지금은 종업원이 1명이라도 적으면 하도급업체에 해당된다는 것은 부당함.

○ 원사업자와 수급사업자간의 서면조사자료가 불일치할 경우

거기에 대한 보다 합리적인 검증 시스템 마련이 필요함(불일치시 원사업자에게 모든 하도급 거래에 대해서 소명하라는 것은 매우 불합리함.)

○ 공정거래위원회에서 다년간 축적해 있으리라 여겨지는 원사업자와 수급사업자 간에 발생한 좋은 사례 및 불건전한 사례 등을 월간지나 인터넷 등의 매체에 게재, 정기적으로 공감할 수 있도록 해주었으면 함.

○ 수급사업자한테 설문조사를 할 때 원사업자가 하도급법을 잘 지켜서 수평적 협력관계 증진이 잘되는 경우도 선별하여 별도로 원사업자에게 혜택을 주는 제도가 있었으면 함. 현재는 원사업자가 잘못하는 것만 조사하는 방식임.

○ 현재 하도급법의 원사업자는 제조업의 경우 매출액 20억 원 이상으로 되어 있는 바, 500억 원 이상으로 현실화할 필요성이 있으며, 하도급법 적용 여부를 따질 때 원·수급사업자간의 거래규모를 일정 금액(예; 연간 10억 원 이상)으로 하여 소기업들이 하도급법의 제한을 받지 않고 경제활동을 하였으면 함.

○ 돈의 흐름을 투명하게 추적만 한다면 수평적 협력관계 유지에 큰 도움이 될 것임.

○ 공정거래위원회나 중소기업청 홈페이지에 사업자의 사업자 등록번호만으로 상대 업체의 매출액, 종업원 수 및 자본금을 확인할 수 있는 시스템이 있었으면 함.

○ 건전한 경제 질서 확립과 공정한 원·하도급 관계를 위하여 상대적으로 우월한 위치에 있는 대기업에서 우선적으로 상생 협력 기반을 조성하려는 자세를 유지해야 함.

○ 너무 잦은 실태조사 등으로 업무에 지장을 초래함. 대기업이 아닌 이상 공정거래에 대한 전담 팀을 두기는 무리가 있는데다 조사 내용도 회계부, 공사부, 업무부 등 모든 부서의 내용을 묻는 것이 많아 업무에 지장이 많이 발생함.

－조사가 너무 복잡함. 중소기업이 그렇지 않아도 업무량이 많은데 서면조사가 항상 바쁜 시기에 오기 때문에 애로사항이 많음.

－서면조사를 매년 시행하는 것은 회사와 국가의 경쟁력을 저해시키는 것이라 생각됨.

－공정거래위원회 하도급 거래 조사와 중소기업청 수위탁 거래 현황조사가 중복되는 측면이 있으므로 통합 요망.

－매년 똑같은 조사를 반복해서 무엇이 달라지고 좋아지는지 이해할 수 없음. 조사에 답하는 시간만 낭비하는 것 같음.

－연례 행사화 되어 있는 서면조사가 아닌 연중 지속적이고 체계

적인 하도급 관리가 필요함.

○ 중소기업에 하도급법을 확대 적용하는 경우 중소기업의 경영 위축을 가져오며 또한 막연하게 종업원 수 등만 고려하는 경우 실제 어디가 우월한지 여부를 판단할 수 없고, 업종에 따라서는 소규모 업체라 할지라도 원사업자보다 우월한 위치에 있는 경우가 많음.

－또한 하도급 단가에 사실상 이자 부문이 가산되는 경우가 많아 현실을 무시하고 무조건 이자(지연이자)를 부담한다면 중소 원사업자는 이중의 이자를 지급해야 하는 모순이 발생함.

－하도급 계약시 단가에는 이미 가공 원가와 업체 이윤, 결제 조건 등이 포함되어 있는데 단순히 60일을 넘겼다고 지연이자·할인료를 지급한다는 것은 이중의 부담임. 이것이 인정이 안 되면 원사업자는 이자만큼 단가인하를 해야 함.

－하도급은 꼭 필요한 제도이나 하도급을 받기도 하고 주기도 하는 중소 원사업자에게는 본의 아니게 애로사항이 발생하기도 하니 현실을 감안해 주셨으면 함.

－원리원칙도 중요하고 좋은 제도도 중요하나 영세한 중소 원사업자의 현실을 고려하지 않는 제도나 원칙은 더 불편함과 혼란을 주는 것 같음. 현실을 고려한 유연한 집행을 요망함.

○ 20대 그룹 위주로 강도 높은 조사 요망.

□ 원사업자의 하도급 관련 불만사항

○ 대기업간의 거래에서도 규모가 큰 대기업, 즉 일명 '슈퍼갑'
이라고 일컫는 기업으로부터 부당하게 단가인하를 요구받는 경우
가 비일비재함. 이 슈퍼갑은 하도급 거래에 관한 아무런 제약 없이
단가를 인하하고 대금 지급기일 및 방법을 마음대로 바꾸더라도
법적인 제재를 받지 않고 무소불위의 권력을 휘두름.

－중소기업의 불이익을 구제해 주기 위해서는 이 슈퍼갑의 횡포
를 제도권 내에서 통제하는 일부터 시작해야 함.

－중견 대기업은 대기업(슈퍼갑)과의 거래에서도 중소기업과의
거래에서도 불이익이 있어 이중고를 겪음.

○ 불공정거래 관행은 중소기업 간보다 대기업과 중소기업 간의
관계에서 많이 나타남. 대기업과의 거래가 개선되면 중소기업 간
의 거래는 단시간 내에 개선됨. 대기업이 음성적으로 행하는 갖가
지 단가인하 압력은 연쇄적으로 중소기업의 생존기반을 위협함.

－하도급 제도는 일정 규모 이상의 대기업의 횡포를 방지하는 데
주력해야지 중소기업까지 이런 조사를 강요하는 것은 실정을 모르
는 것 같음.

○ 중소기업 원사업자는 경영환경이 열악하므로 대기업 원사업자가 개선되면 자동적으로 1차벤더가 개선되고, 2, 3차 벤더도 연쇄적으로 개선될 것임. '아직까지 중소하청업체는 대기업의 노예다'라는 인식을 지울 수 없음

– 중소원사업자가 아무리 법과 질서를 지키려고 해도 대기업의 거래관행이 개선되지 않으면 허사가 될 것이고 정부의 수평적 협력관계 노력은 무용지물이 될 것임.

로열티 받는 중소기업 들어보셨나요?

기업들이 중소기업이 기술에 대해 로열티를 준 사례는 아마 거의 없을 것입니다. 대기업과 거래하는 것만으로도 감지덕지하니 그냥 기술을 내놓으라는 것입니다. 그렇게 확보한 기술 자료를 관계사 및 계열사 등에 넘겨 개발을 시킨 뒤 원래 중소기업과는 거래를 끊어 버리기까지 합니다. 즉, 대기업들은 특허 범위를 교묘히 피해 자신의 것으로 만들며 또 공동개발을 하더라도 다른 협력업체에 넘겨 결국 납품단가를 깎는 수단으로 악용합니다. 그러나 막상 특허 분쟁이 발생하면 중소기업이 이기는 경우는 거의 없습니다. 중소기업의 특허 관리가 허술하여 특허 전담부서까지 두고 있는 대기업에 이기기가 어렵기 때문입니다. 또 소송은 보통 3~5년

을 끌기 때문에 그 사이에 중소기업은 망하거나 포기하는 경우가 대부분입니다.

그러면, 첨단 연구소와 방대한 연구 인력을 두고 있는 대기업이 왜 중소기업의 기술에 눈독을 들이는 걸까요? 그것은 기술개발에 회사의 사활을 거는 중소기업 사장들의 끈질김에 샐러리맨인 대기업 연구원들이 당할 수가 없기 때문일 것입니다. 목숨을 걸고 덤벼 드는 데에는 장사가 없는 법입니다.

왜 이렇게 대기업들은 욕을 먹으면서까지 무리하게 기술 탈취를 하고 무단으로 중소기업 기술을 사용할까요? 그것은 경영진이 1년 단위로 실적을 평가 받는 대기업의 평가 시스템에서는 장기적 관점에서 중소기업과 협력관계를 맺기 힘들고, 중소기업에 일일이 로열티를 주면 글로벌 시장 가격경쟁에서 밀리기 때문일 것입니다.

하지만, 이것은 하도급법 제12조의 2(경제적 이익의 부당요구 금지) 및 공정거래법 제23조(거래상 지위 남용상의 이익제공 요구금지)에 해당됩니다. 글로벌 경쟁에서 이기는 것도 좋지만 법은 지키면서 사업을 해야 할 것 아닌가 싶습니다.

그러면 기술 탈취 프로세스에 대해 알아보겠습니다. 대기업은 구매팀이 수급사업자에게 기술 자료를 요구(강요)하여 이를 전직 임원 근무업체나 전략적 투자업체(계열 및 관계 수급사업자 등)에 주어 조금 변형하여 부품개발을 하게 합니다.

기술 탈취가 많은 분야는 IT 및 전자〉조선〉자동차 등의 순서로, 조선의 경우는 용접 및 엔진 소음 감소 분야, 자동차의 경우는 압쇼바 등입니다.

특허청에 근무하다 대기업 지적재산권팀으로 옮긴 사람들이 많기 때문에 특허청과 대기업 지적재산권팀은 서로 관계가 돈독하다고 보시면 될 겁니다.

일반적으로 원 특허에서 10% 내외 정도만 변형해도 다른 특허로 특허심판원에서 인정하기 때문에 특허분쟁(특허침해심판 등)에서 특허심판원이 대기업의 손을 들어주었다고 해서 그것이 기술침해에 해당하지 않는 것이 아니고, 90%를 탈취 당했다고 보시면 됩니다.

하도급법의 목적은 인격의 자유 발현 보장

하도급법 등의 목적은 하도급 사업자 등의 인격의 자유 발현 보장이라 봅니다. 즉, 이들의 정치적 자유(표현의 자유 등)을 보장해서 경제적 자유를 누리게 하는 것이라 봅니다.

부연하면 하도급법, 가맹사업법 등 공정거래법 23조(불공정행위 중 거래상 지위남용)에서 파생된 법률은 원칙적으로 헌법적 가치인 '인격의 자유발현' 을 하위 사업자들에게 보장해 주는 의미가 크다고 생각합니다. 즉, 시장경제에서 하위 사업자들이 구속이나 억압 없이 자유롭게 경쟁할 수 있어야 한다는 것입니다. 이것이 공정거래법에서 말하는 경쟁 기반의 보장이기도 합니다.

법이나 제도는 그 나라의 고유한 토양에서 싹트는 것이니 만큼 외국의 사례를 평면적으로 비교하는 것은 적절치 않다고 봅니다. 외국 사례를 봐도 우리와 산업구조가 비슷한 일본, 독일, EU 등은 이런 유형의 불공정행위 단속에 점차 비중을 높여 가고 있습니다.

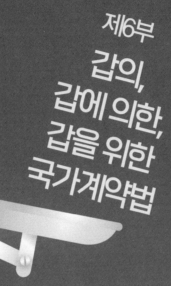

제6부
갑의,
갑에 의한,
갑을 위한
국가계약법

(제6부의 글은 건설업체를 직접 운영하기도 하셨던 손영진 공학박사님의
글입니다.)

정부는 공정경제를 발목잡고 있는 국가계약 관련법을 개혁하라!
To be Reformed National Aquisition Law which is aiding Unfair
Trade of the Economical Transaction.

들어가며

개발 시기에 우리나라는 국가 성장의 축을 대기업 육성 중심 집중지원정책으로 오늘의 10대 경제대국으로 자리매김했다. 최빈 영세국이던 1960년대 중반 정부주도의 경제개발 과정에서 국가 기간산업 형성을 위하여 행정부가 주도적으로 경쟁 제한적인 법령이나 고시 등을 만들고, 대립적 이념과 성장 목표를 명분으로 국민의 일부 기본권 제한 등으로 경쟁을 저해해 온 측면이 있었고, 심지어 행정지도라는 명목으로 법적 근거도 없이 경쟁 제한적 규제, 지시 등을 과도기적으로 남발하여 온 것도 부인할 수 없다. 그럼에도 국민들의 자발적인 참여와 희생과 인내로 이를 극복하고, 성과를 이루어 오늘날 전세계 일등국민으로 자긍심을 가지게 되었다.

그러나 기본권의 제한은 1980년대 후반에 이르러 노동자 처우 문제의 심각성을 인식하며 노동자 저항이 일어났고, 노동권 쟁취 결과는 국민적 인권회복의 인식도 함께 변화를 가져왔고, 노동권과 인권에 대해서는 상당히 많은 문제가 노출되었다. 정부는 이를 소득분배 개념으로 정의하여 제도개혁을 꾀하였고 많은 부분에서 성과가 나오고 있다. 그러나 2000년대 접어들면서 사회·경제적 문제는 금수저 논란에 특혜 시비가 끊이지 않았고, 이미 재벌기업군들은 과거 대기업 중심의 정부 지원정책에 단맛을 들여 기술개발보다 모방, 투자보다 투기 및 불로소득 사유 만연으로 신자유주의

바람과 함께 경제사회의 양극화를 더욱 심화시켜 왔다.

계약자유 한계에 대한 국가의 책무

국가경제 상거래질서는 시장경제의 기본(헌법119조 1항)에 반하는, 대등성이 상실된 채 경제적 강자가 경제적 약자를 지배 유린 수단으로 전락시키고 있는 국가계약 관련법 제도를 아직 유지하고 있다. 개발 시기에 과도기적으로 적용했던 전체주의적인 이들 법 제도를 개혁 없이 그대로 적용하고 있다.

시장거래에서 계약자유의 미명하에 자기결정을 침해하는 구속력을 국가가 인정하여 경제적 강자의 독식행위와 약자에 대한 약탈적 행태를 제한 금지해야 할 책무를 포기하고 경제적 약자의 기본권 회복의 노력은 고사하고, 오히려 정책의 낙수효과라는 마치 자비를 베푸는 듯 인식 오류를 범하고 있다.

국가의 경제정책과 제도는 모든 경제활동에 참여하는 국민이나 기업의 정당한 인권과 재산권 행사에 차등성에 의한 침해가 없도록 해야 하나, 국가계약법은 계약당사자만 보호하고 참여자의 권리는 배제하고 있다. 헌법과 민법의 본질인 사적자치의 계약자유는 당연히 그 한계를 가지고 있다. 복잡한 다원주의 사회에서 거래 관계는 수직적 산업지배구조로 형성되어 원·하도급 구조로 완성되고 있다. 여기에는 상거래 당사자간의 경제적 비대칭성이 반드시 발생되므로 국가는 예산집행자인 발주자로서 사전 규제 감독에 의한 집행 권한과 책임이 있다.

정부는 공정경제 화두를 내세워 친서민 중심의 사회적 약자를 위한 일자리 창출로 소득분배정책으로 제시하여 경제정책인 것처럼 착시현상을 일으키고 있어 본질을 흐리고 있다. 일자리는 기업의 자발적인 기술투자와 기술 경쟁력 향상에 의해 스스로 창출해야 할 기업 그들의 몫이며, 필요조건이다. 일자리 창출 정책은 국가의 일시적 지원으로 앞으로 세금을 낼 수 있는 새로운 일자리 창출 장기정책이 되어야 한다. 그러나 국가가 세금 소비로 일자리를 만드는 비생산적인 제도로 자리매김을 하고 있어 안타깝다. 공정경제의 실현은 제일 먼저 과거 과도기에 채택한 시대착오적 법제도를 현 시대에 맞게 개혁하는 것이 경제정책의 우선 과제이며 책무이다.

사후 규제 중심의 국가계약법의 문제점

계약 관련법의 최상위법인 현 국가계약법은 '사적 자치에 의한 계약자유' 라는 미명하에서 '국가를 당사자로 하는 계약에 관한 법률' 로서 오직 원도급자만을 위한 세약보호에 한정하고 있다. 그리고 국가는 원도급자의 '사적자치권 제한 우려'로, 동일한 발주 조건에 따라야 하는 하도급자의 인과적인 기본권을 불인정하여 민법에 적용하고 있다. 여기서 사적 자치권은 쌍방간 금액 결정의 자유이나 발주자의 계약조건의 임의변경 권한은 제외된다.

그러나 국가가 자기의 필요에 의해 특정 조달계약으로 원·하도급 계약관계에 개입 승인하여 계약효력에 영향을 미치거나, 사업 수행 도중에 원도급자를 통하여 하도급자에게 설계변경을 지시하여 인과적인 영향으로 발생한 경우, 원도급자가 추가비용 지급을 거절해도 사고원인 제공자인 '국가는 직접 계약관계가 없음을 이유로 책임이 없다'는 법률이다.

이러한 이 법의 허점을 놓칠 리가 없는 원도급자는 자기 이익을 위해 지시 사실 은폐나 허위 조작 등으로 하도급자에게 누명을 씌워 책임을 전가한다. 하도급자는 은폐된 정보로 인해 원인도 모르고 억울하게 누명을 쓴 채 국가 공사를 자기의 비용으로 완료한 다음, 민사재판을 통해 자신이 했음을 자기가 규명해야 하는 일이 벌어진다. 민법은 원도급자의 불법/불공정행위의 만행에 대해서 피해자 입증주의를 채택하므로 하도급자가 감춰진 증거를 입수하지 않는 한 정당한 손해배상의 길도 없다.

역설적으로 설명하면 국가가 원도급자에게 '국가는 눈감고 있을 테니 당신이 하도급자를 어떻게 유린하든 국가가 원하는 대로만 완성 납품하라!'는, 규제해야 할 국가가 불법/불공정행위를 방조

하고 있는 셈이다. 즉 국가가 설계변경 원인을 제공한 다음 인과적 영향을 받는 하도급자의 손해배상 책임을 원도급자에게 전가하였고, 원도급자는 자기이익의 극대화를 위해 이 허점을 악용하는 것이다.

국가가 사전규제로 제어해야 할 책임을 방임한 위헌 요소가 있다. 이 문제는 최소한 1996년도 예산회계법에서 국가계약법으로 별도 제정 당시 반영되어야 했다. 이 같은 법의 영향은 산업구조의 하부 생산단계에서 발생되는 대부분의 신기술/신공법도 다단계의 수직적 지배구조에 막혀, 선진 기술 개발이나 도입이 사실상 불가능하여 국가 건설 시스템을 후진적(Hierarchy)으로 몰고 있다. 특히 건설 경쟁력의 성능저하로 인하여 후발국에도 밀리는 이유도 법제도의 영향이다.

공정거래법 및 하도급법의 문제점

공정거래법과 하도급법의 존재로 보완하고 있다고 한다. 아니다. 이 법들은 불공정거래에 대한 사후제재를 목적으로 하는 만큼 사전 규제 목적으로는 전혀 실효성이 없다. 사후제재조차 공정거래위원회(이하 공정위)는 서로 대립업무인 조사권과 심의, 심판권을 동시에 갖고 있어, 자기 이해충돌로 공정성 유지의 태생적 문제점을 안고 있다. 하도급법도 불공정행위의 형태별로 구분하여 판단이 애매모호한 어구로 제정하고 있다. 불법/불공정행위 여부를 인과적 변별이 가능한 구체적인 행정규칙 기준조차 없다. 기획재정부 계약예규와 건설산업기본법에 불공정행위의 산업별 변별기준이 있음에도, 공정위는 자기 부처의 행정규칙이 아니라고 인용조차 않는다. 피해자의 신고 사실에 대해 불공정행위 여부를 정확히 조사해야 할 공정위는 각 산업의 기술발전 변화에 따른 절차의 특징을 고려한 변별기준 미설정과 더불어 공무원들의 전문성 결여 문제도 있다.

또한 심사보고서 작성, 심의 및 심판절차에 약자인 피해자는 의견 개진 기회조차 부여하지 않고 있다. 피해자는 누구보다 해당사건에 대한 지식과 경험이 있고, 과정의 부당했던 내용도 상세히 알고 있는데도, 참여가 막힌 상태에서 공정위의 일방적인 밀실 결정에 피해자 운명이 좌우되는 부작용도 있다.

경쟁법집행의 절대권한과 전속고발권까지 가지고 있는 공정위가 만약 정확한 조사 없이 자체 심의 및 심판결과로 징계할 경우, 경제적 강자인 대기업들의 대형 로펌을 통한 저항에 맞선 공정위의 대처 역량에 대한 신뢰도에 의문은 당연하다. 공정위로서는 '고발자 입증주의'에 따른 피해자의 참여 없이 대변자로서 역량을 보완적 제도적 장치를 구비해야 한다. 만일 별도의 보강장치가 없다면 상식적으로 공정위 직원들은 불공정행위 가해업체에 대한 사건 처리에 적극적인 직무 자세를 보일 수가 없다. 불법/불공정행위에 대한 입증 역량부족은 직무 수행에 문제가 있음을 인정함이고, 사실상 법위반 처리에도 공정성이 없다는 의미가 된다.

2019년 공정위 통계연보에 의하면 아직도 하도급법 불공정행위 신고가 거래법 전체 신고건의 약 80%를 차지하고 있고, 공정위 전체 신고건 대비 하도급법 및 거래법의 불공정행위 사건이 50% 이상 차지하고 있다. 이같이 과다한 불공정거래신고사건의 계속 발생 원인이 정책 입안자들은 사후규제의 시대착오적인 법철학에서 기인된 것이라는 인식조차 못 하고 있다.

계약자유도 법에 의해서 허용된다. 사전규제로 막아야 할 국가가 사고발생을 방기하여 근절이 되지 않고 있다. 이와 같은 잘못된 법제도의 부작용은 경제 사건에 대해 관계 정부부처뿐 아니라 검찰 및 사법부에까지 영향을 끼치어 계약자유와 국가책무가 불의에 대한 변별력조차 떨어진 국가적 사유불능성에 빠지게 하고 있다.

국가계약 관련법 개혁 방향

국가는 불법/불공정행위를 사전에 차단해야 할 책무를 방기한 체, 사후 제재법으로 제정하여 아직도 불법/불공정행위를 방조하고 있다. 비록 늦었지만 이세 국가계약관련법을 사전 규제 중심으로 개혁해야 한다. 현재의 계급적 지배구조는 당연히 우월적 남용을 필연적으로 동반한다.

첫째, 국가가 관계대등성 유지로 보완해야 한다. 발생된 분쟁은 현장에서 규명되고 해결되어야 한다. 그러나 국가는 모든 집행권까지 원도급자에게 일임하고 있다.

둘째, 발주자인 국가는 예산집행자로서 국민을 대신하여 예산집행과정에 대한 감시, 감독 등을 직접 참여를 통한 예산관리의 책무가 있다.

셋째, 사업집행과정에 직접 참여한 국가는 사업수행과정에서 원도급자(하도급자 포함)의 계약 이행 내용을 단계별 작업 전에 비용, 이행절차 및 품질 등을 직접 검토, 승인 등의 권한과 책임을 부여해야 한다.

넷째, 국가는 모든 참여자들과 원도급자 간의 계약관련 공사 정보를 공유하도록 하여 대등한 위치에서 원탁형 협업과 소통을 장치한다.

다섯째, 계약 관련법들을 선진 외국과 같이 국가 계약관련 법률을 통합 연계하여 원·하도급 계약관계를 발주와 별건 해석하는 차등적 오류를 없애야 한다.

여섯째 불법/불공정행위 변별과 국가의 철저한 감시·감독을 위해 수행과정별 절차기준을 명확하게 명시해야 한다.

건설 산업은 종합응용산업으로서 수많은 이해관계인간의 경계 구분에서부터 설계변경 등에 의해 분쟁이 필연적으로 발생하는 산업이다. 이 같은 개혁은 발주기관으로서 자기(국가) 보호를 위해, 권한과 책임을 갖고 원도급계약의 이행과 조달에 제공하는 하도급자 등 참여자의 재화나 서비스의 품질을 담보하기 위해서, 국가는 참여자의 계약에도 동의하여 분쟁 요소를 미리 차단하고, 계급적 산업구조의 개혁과 함께 기업들의 자발적 기술개발을 독려하는 부가적인 목적도 있다.

마치며

이상과 같이 기업과 국민이 모두 공정하고 대등한 위치에서 상호 자유로운 경제 거래활동이 가능하도록 국가계약법을 개혁해야 한다. 현행법은 공정경제 국정목표를 무색하게 하고, 대립적 갈등 유발 요소를 내재하여 미래 발전의 장애요인이 되고 있다. 헌법과 민법의 본질인 계약자유의 한계인 경제적 강자의 약자 침해를 국가가 감독, 규제, 금지해야 한다. 복잡한 다원주의 사회의 거래관계는 사적계약 결정에 열린 형태의 수평적 상호협업적 사유가 습속(習俗)규범이 되는 법제도로 개혁해야 한다.

문재인 정부에 대한 국민의 기대는 잘못된 법제도 적폐를 청산 요구하고 있다. 과거와 같이 정부 지원에 기댄 일자리 창출은, 단

물만 삼킬 기업 속성까지 단절시킬 수 없다. 적폐청산 실효성은 국가계약 관련법들의 근원적인 개혁이 시작이다. 공정경제란 당사자 간의 대등성이 전제다. 일자리 창출은 경제 흐름이 민주적일 때, 아래로부터 자발적으로 창의적인 제안이 발현될 수 있는 제도가 뒷받침될 때 힘을 받는다. 이 잘못된 법제도를 개혁해야 4차 산업혁명에 걸림돌이 제거되므로 공정경제 실현의 기반이 된다. 정부는 국가계약법을 '국가 조달사업 참여자의 계약에 관한 법률'로 개혁하라!

제7부

공정위 개혁, 피해자에게 길을 묻다

주제 발표

갑질 피해자의 사례로 살펴본 공정위 개혁 방안
– 자동차산업의 하도급 문제를 중심으로

1) 하도급 부당단가인하 금지 등이 왜 중요한가?

부당단가인하나 기술 탈취 등은 중소협력업체들의 자본축적을 막는 주요인입니다. 자본축적이 안 되면 생산성이 떨어지게 되고 생산성이 떨어지게 되면 저임금 체제로 가게 되고 그렇게 되면 우수한 인재들은 모두 공무원과 공기업 시험 등에 올인하게 되니 중소기업의 경쟁력이 강화될 수가 없습니다.

중소기업이 경쟁력 강화를 통해 세계시장으로 진출하는 중견기업으로 성장하지 못하게 되면 고용증대도 있을 수 없고 고용율이 높아지지도 않습니다. 고용율이 개선되지 않으면 지금과 같은 과다한 영세 자영업자들의 제 살 깎기 경쟁도 개선될 수 없습니다.

대기업의 협력업체인 중소기업들이 생산성 향상을 이룩하게 되면 그에 대한 정당한 몫을 중소기업이 가져가게 해야 하며, 이는 부당 단가인하와 기술탈취 등을 못하게 함으로써 비로소 달성되는 것입니다.

2) 공정위의 하도급제도 운용 및 사건처리 실태에 관하여

공정위 및 동반성장위원회가 운용하고 있는 동반성장프로그램에 의해 선정된 2013년부터 우수(최우수 포함) 기업 현황을 보면, 2013년도 최우수 14개사 및 우수기업 36개사(총 50개사), 2014년도 최우수 19개사 및 우수기업 37개사(총 56개사), 2015년도 최우수 25개사 및 우수기업 41개사(총 66개사), 2016년도 최우수 25개사 및 우수기업 50개사(총 75개사), 마지막으로 2017년도 최우수 28개사 및 우수기업 62개사(총 90개사)로 우수기업이 지속적으로 늘어왔음을 알 수 있습니다.

이들은 대부분 우리나라 주요 재벌기업들입니다. 하지만 위와 달리 그간 대기업들의 하도급 횡포가 심해져 중소협력업체의 어려움이 가중되어 왔다는 것이 일반적인 인식입니다. 따라서 이 면제제도가 이들 대기업들의 하도급 횡포에 대한 보호막으로 작용하는 것이 아닌가 하는 의구심이 자연스레 생깁니다.

이 제도의 폐지가 바람직합니다

세부적으로 보면, 2013년부터 계속 최우수로 선정된 기업은 현대자동차, 기아자동차, 삼성전자, 삼성전기 및 SK텔레콤 등이며,

계속 우수로 선정된 기업은 GS건설, 현대로템 등입니다.

얼마 전 정의당 갑질대회에서 억울함을 호소한 현대차 2차 벤더 태광공업 및 사장이 자살한 가진테크의 경우, 현대차로부터 내려오는 약정CR 입찰도 상당한 압박으로 작용하였을 정도로 현대차의 하도급 횡포가 심하다는 것이 일반적 인식인데도 계속 최우수 기업으로 선정되었습니다.

※ 약정CR이란 현대차 및 1차 벤더 등의 부품경쟁입찰에서 최저가 낙찰로 선정된 하도급 업체가 이후 약 3년에 걸쳐 단가를 인하하는 것이며, 입찰서에 단가인하를 사전에 약정하였다 하여 약정 CR이라 합니다.

현대차는 이 약정CR에 대해 '글로벌 스탠다드다', '사전에 약정하였기 때문에 법위반이 아니다'고 하고, 공정위는 '효율성이 있다', '신고 대상이 아니다' 등의 황당한 논리로 법위반이 아니라고 하고 있으나, 우리와 함께 하도급법을 운용하고 있는 일본은 '관계자산특수이론'이라 하여 일단 투자하면 회수불가능하고 게다가 특정한 거래관계 아래서만 충분한 가치를 가지는 자산을 인정하고 있습니다. 즉, 다른 사업자의 제품을 생산하기 위해서는 이용할 수 없고(혹은 개조하기 위해 비용이 많이 들고) 생산을 그만두더라도 되팔아서 투자비용을 회수할 수 없는 자산을 말합니다. 외국 완성차업체도 약정CR을 하나 현대차처럼 최저가낙찰에서 시작하는 것이 아니라 평균가낙찰에서 시작하는 것으로 알고 있습니다. 현대차 1차 벤더들이 현대차와의 거래에서 본 손실을 벤츠 등 외국

업체와의 거래에서 만회하는 걸로 알고 있습니다.

이런 상황 하에서는 부당결정 등을 원사업자로부터 강요당하더라도 하도급 사업자는 이를 받아들이지 않을 수 없는 것입니다. 우리 공정거래법도 거래상 지위 여부의 핵심요소는 거래처 전환 가능성이며, 이 전환이 용이하지 않으면 거래상 지위를 인정하며, 그러한 지위에서 부당한 행위를 하면 불공정행위로 인정하고 있습니다. 홍장표 전 청와대 경제수석도 과거 논문에서 이의 불법성을 인정한 바 있습니다.

간단하게 현행 하도급법에도 명시적으로 위반됩니다

하도급법 제4조(부당대금결정금지) 제2항 제7호에 의하면, '경쟁입찰에 의하여 계약을 체결할 때 정당한 사유 없이 최저가로 입찰한 금액보다 낮은 금액으로 하도급 대금을 결정하는 행위'는 부당결정으로 본다고 되어 있습니다. 하도급법은 공법으로 강행법적 성격을 가지므로 당사자들 간의 약정에 의해 적용을 배제할 수 없는 것입니다.

하도급법의 목적이 대금이 제때(납품일부터 60일 이내 등), 제대로(감액이나 무리한 단가인하 등이 없이 가급적 평균적인 대금 지급) 지급되도록 하는 것이 주요 목적인 바, 여기에도 정면으로 배치됩니다.

따라서 약정CR은 이론이 있을 수 없는 명백한 법위반입니다. 이런 것을 황당한 논리로 법위반이 아니라고 부인하는 것은 시민사회와 국가기관을 우습게 보는 재벌의 오만이라고 생각합니다.

이들 직권조사 면제 대상 기업의 최근 5년간 신고사건 처리 현황을 보면, 총 243건에서 주의 촉구(경고보다 낮은 단계) 1건, 경고 5건 및 시정명령 1건이며 나머지 236건은 전부 무혐의 내지 심의종료 등으로 처분되어 법위반 제재비율은 2.9%이며, 경고 등 사실상 제재로 보기 어려운 것을 제외하면 실질적 제재비율은 0.4%에 불과합니다. 따라서 이들 직권조사 면제대상 기업들은 신고사건에서도 사실상 면죄부를 받고 있는 것이 아닌가 하는 의구심이 생깁니다.

하도급(신고)사건은 대부분 복잡한 분석을 요하지 않는 비교적 정형적인 사건으로 신고인인 중소협력업체들도 그 위법 요건을 잘 이해하고 신고하고 있으므로, 피신고인의 법위반 실적이 위와 같이 극단적으로 낮게 나오는 것은 이해할 수 없는 것입니다. 물론 신고 사건의 경우 양 당사자가 합의하여 신고인이 신고 취하를 하면 심의종료로 종결되므로, 이는 사실상 법위반이 시정된 것으로 간주할 수 있는데 이런 사례는 거의 없을 것으로 보입니다.

신고가 많은 기업을 보면, 현대건설 29건, 포스코건설 21건, 롯데건설 21건, GS건설 20건, 대림건설 17건, 대우건설 15건, 삼성물산 12건, 삼성중공업 12건, 현대엔지니어링 12건 순서입니다.

여기에 대한 공정위의 제재를 보면, 현대건설 경고 1건, 현대엔지니어링 경고 1건, 대우건설 경고 1건, 지에스건설 주의 촉구 1건이며 나머지는 전부 무혐의 및 심의종료 등으로 송결됩니다.

이 중 현대건설에 대한 유일전기주식회사 및 케이디건설주식회사의 신고사건 심의종료 이유를 보면, '현대건설과 신고인 관계는 하도급 관계가 아니므로 심의종료로 한다'고 되어 있습니다.

케이디건설의 경우는 대표이사가 얼마 전 검찰의 공정위에 대한 재취업 비리 관련해서 참고인 조사를 받았는데, 이때 담당검사가 명백한 하도급법 위반이라며 재신고를 권유할 정도였습니다.

계약체결 시는 물론 몇 년에 걸친 공사기간 중에도 하도급 관계가 아니라는 말 한 마디 없이 공사를 시키고는 대금이 제대로 지급되지 않아 몇 십억의 적자가 발생하여 하도급 사장은 자살까지 생각하는데, 현대건설은 하도급 관계가 아니니 대금을 지급할 이유가 없다고 하고 공정위도 여기에 장단을 맞춥니다.

하도급업을 몇 십 년을 한 사람이 당연히 하도급 공사라고 생각하고 공사를 하였는데 공사가 종료하고 나서는 하도급이 아니니 돈을 줄 수 없다는 황당한 일이 지금 우리나라에서 벌어지고 있습니다. 하도급 관계 여부는 계약서 등 형식적인 것으로 판단해서는 안 되고 실질적인 관계, 즉 원사업자의 작업지시가 있고 하도급 업체가 이에 따라 작업을 했다라는 식으로 판단해야 함에도 이렇게 하지 않습니다.

이는 또 하도급법상의 탈법행위금지 조항에 해당할 수 있습니다. 하도급법 적용을 회피할 목적으로, 로펌 변호사도 처음에 헷갈릴 정도로 계약서를 뱅뱅 꼬아서는 하도급업체의 뒤통수를 치는 것은 탈법행위로 보아야 합니다.

이 외에 달러 하락기에 하도급 대금을 달러로 지급하여 감액의 효과가 발생했는데도 세계 달러 추세가 어떠니 하면서 심의종료, 하도급업체가 건설면허가 없는 공종까지 공사를 시켜 경제적 부당이익을 요구한 것을 면허 없는 자가 한 것이라 하여 하도급 관계가 성립하지 않는다고 심의종료, 계약금액보다 더 많은 공사를 시킨 것은 추가공사를 시킨 것으로 서면 미교부와 대금 미지급 금액으로 보아야 하나 민사 사안이라며 심의종료, 원사업자가 더 이상 CR불가라고 할 만큼 단가인하가 심했다는 증거에 대해서는 판단 불가라며 심의종료한 사례 등 무수합니다.

여하튼 이러한 사건들을 아주 일부 형식상 요건 등만 들어서 또는 증거 판단을 왜곡해서 심의종료로 처리하는 것은 꼬리로 몸통을 흔드는 격입니다. 가지로서 줄기를 흔드는 격입니다. 나뭇가지 100개가 오른쪽으로 나 있고 하나가 왼쪽으로 나 있으면 왼쪽이 맞다고 하는 거나 마찬가지입니다.

3) 업계 관계자 및 공정위 퇴직 직원은 어떻게 보나? 그리고 사건 무마 압력은 어떻게 하나?

죄송한데요, 공정위 필요없어요.
(2006년 09월, 미디어 다음, 공정거래위원장과 중소기업인과의 대화시)

여러분, 죄송하지만 공정위에 대한 기대나 관심은 접어두시는 것이 좋을 듯합니다.

저는 벤처기업 대표이사로서 2년여 동안 공정위와의 조사/심의 경험으로 아래와 같은 사유로 말씀 드립니다.

1. 우리나라 경제의 결과가 공정위의 존재를 부정하고 있습니다

부익부 빈익빈, 양극화 현상, 재벌로의 경제력 집중, 하도급업체의 피해 등 현실은 심각합니다. 법이 없거나 강하지 않아서가 아닙니다. 공정위가 집행하지 않아서입니다.

2. 신고하여 봤자 소용없습니다

신고의 상당 부분이 대기업을 피신고인으로 하는 사항입니다.

대기업 신고의 경우 어쨌든 공정위와 업무 밀착관계가 있고 시정을 받더라고 행정소송을 제기하기도 합니다. 조사관으로서는 부담입니다.

3. 공정위는 부패하였습니다

금년 상반기 모 통신 그룹에서 공정위, 통신위 등의 관련 기관을 대상으로 한 로비자금 규모를 기억하십니까? 또한 어제 기사에도 난 민간기업 취업 공정위 직원들의 급여 행태를 떠올려 보십시오.

조사 지연, 심사 불개시, 핵심 물타기를 경험하시게 될 것입니다.

4. 무위도식의 조직입니다

독과점 업체의 횡포가 난무하건, 하도급 피해로 중소기업이 죽든 말든 공정위에 그 책임을 물은 것을 본 적 있으십니까? 나라 걱정보단 이름 걸어놓고 자기 살기에 바쁜 조직입니다.

여러분 중 제 말이 너무하지 않느냐고 생각하시는 분은 제가 자료를 보내 드리겠습니다. 공정위는 포털에 홍보성 이벤트보다는 본 업무에 보다 충실하시기를 바랍니다.

좀 쉬겠습니다(2011년 3월, ○○ 대기업 사건 무마 관련해서 당시 과장에게 보낸 메일)
*메일 내용 오탈자 그대로 게재할 것
2018년, 모 공정위 퇴직자의 글

위에서는 조사인력 충원 등 대책마련 노력은 안하고, 빨리 처리하라고 닥달만하니 한 사건을 심도 있게 검토해서 해결하는 것 보다는 '법 적용 대상 사건이 아니다' 쪽으로 정리하려는 경향이...

신속 조사 해결을 기대하고 공정위 신고 했는데 1년 넘게 앞선 사건 순차적으로 한다는 명분을 내세워 끌다가 심의절차종료나 판단불가... ㅋ....부끄립습니다. 사건이 늦게 지언되는 동안 신ㄴ한

을회사는 피눈물 속에 폐업 쪽으로, 대표는 노임 때문에 노동청 등으로 끌려다니고...폐업되면 수십 수백개 일자리가 날라가 버리고, 가정이 통째로...이러고도 수장되시는 분은 경제민주화, 대통령께서는 일자리 창출을 공약으로(??)...심지어 대기업 정책 한답시고, 신고사건 건성건성, 차일피일 늦추는 전략으로 갑들을 노골적으로 편드는 거 아니냐 하는 있는 의심도 들고...분노를 느낍니다

성질상, 규정상 분쟁조정 대상도 아닌데 무조건 분쟁조정에 넘기는 것은 조사정보를 미리 피조사인 측에 흘려 증거인멸을 돕는 격이고......

작년 6월부터 지금까지 ㈜000 사건에 대해 10개월째 무혐의 사유를 우리조직(?)은 찾고 있습니다.
저는 꺼꾸로 10개월째 시달리고 있고요

저가 '우리조직' 이라고 말하는 것은 이 무혐의 사유 찾기에 적어도 과장과 소장은
간여되어 있다고 보기 때문입니다. 아니 그 이상이 있겠죠...
무혐의 사유 찾기의 그 강도로 보아...
'지록위마' 라는 고사성어가 자주 생각나더군요, 아무리 봐도 분

명히 사슴인데, 주위 동료들도 다 사슴이라고 하는데 위에서만 자꾸 말이라고 하더군요

작년 6월 직권조사에서 이 사건을 인지하고 돌아와서 그 인지사실을 주관부서인 하도급개선과에 보고하는데만 한달 넘게 시달렸습니다

무혐의 아니냐, 소장한테 보고해서 그 지시에 따르자, 만약 보완조사해서 나중에 무혐의로 나오면 그 뒷감당을 어찌할거냐....

그렇게 한달여를 시달리다가 정식보고통로를 통하지 않고 그냥 메일로 000 서기관한테 보냈습니다

000 서기관은 그것을 위원장님에게 보고를 했고 위원장님은, 철저히 조사하라고 했습니다

그러자 당시 000 소장은 자기를 거치지 않았다고 하여 000 서기관한테 전화를 하여 다음부터 자기를 거치지 않은 직권인지 보고는 받지 말라고 이야기를 한 줄 알고 있습니다

그래 가을에 있은 직권조사 때는 당시 소장이 저를 조사반에서 배제시켰습니다

하도급개선과에서 내려온 명단에는 저가 조사반장으로 되어 있었는데도 말입니다

말은 다르게 했지만 이것은 보고하지 말아야할 것을 보고했다는데 대한 보복이라고

생각합니다...

당시 000 과장이 기술탈취를 조사하려면 저를 꼭 보내야 한다고 소장한테 이야기를 했으나 면박만 당했습니다

12월경에는 외부 하도급강의 요청이 왔는데 이것마저 소장이 못 가게 했습니다...

올해 들어와서 신임 소장한테 업무보고를 할 때도 담당자인 저도 모르게 그 사건은

위법성이 흐릿한 걸로 보고하더군여..

이외에도 여러 부문에서 이 사건관련해서 다른 통로에서 저를 압박한 것 중 언급하지 못한 부분도 많습니다,

여튼 이렇게 시달리면서 지금까지 왔습니다..

심사보고서 다 써놓고 증거자료 다 첨부해놓으니 이제는 쟁점토론 한다고 없는 쟁점 찾아내라고 또 압박을 하는군요

저가 며칠전에 드린 토의자료에는 별 쟁점이 없으니까 다른 직원을 시켜서 쟁점토의 자료를 만든다구요?

심사보고서가 완성된 다음에도 이렇게 사건을 끈질기게 물고늘어진 경우가 있었나요?

위원회에 상정되는 것이 그렇게도 두려우십니까?

저가 항우장사도 아니고 심신이 지칩니다

누우면 바로 골아떨어지는 전데 요즘은 잠이 안옵니다

어쩌다 잠이 들면 악몽까지 꿉니다...

머리가 아프고 신경도 많이 약해졌나봅니다

쓰러질 지 모른다는 위기감도 듭니다

저의 의견은 심사보고서와 얼마전 메일로 드린 토의자료에 있습니다...

저는 그 이상 이야기할 것이 없기 때문에 쟁점(??) 토론에 직접 참석하나 안하나 차이가 없다고 생각합니다

더 이상 저가 저 몸을 혹사할 수는 없습니다...

쓰러지면 책임 질 사람 아무도 없습니다

당분간 병가를 좀 쓰겠습니다

죄송합니다

4) 그럼 어떻게 해야 되나?

작년 로펌에 근무하는 공정위 옛 동료를 만났는데 웃으면서 그러더군요.

"우리가 법정 전염병 환자냐?"고.

공정위 직원이 외부 OB와 접촉하면 신고를 해야 한다는 공정위의 조치를 두고 하는 말입니다. 김상조 위원장이 바깥에 있을 때 이야기를 많이 들어서 그러는 것이라고 생각을 합니다. 물론 그런 면도 있을 것이나 그렇다고 일률적으로 이렇게 하는 것이 방법인지는 의문이 듭니다.

그리고 접촉을 그렇게 부정적인 시각으로만 볼 게 아닙니다. 소

주 한 잔 하며 시장에 대해, 기업에 대해 많이 알게 되면 상대를 헤아리는 유연한 법집행이 가능하다는 장점도 있습니다.

캐나다 경쟁당국은 직원들이 업계와 적극 접촉하도록 하고 있습니다. 내부의 사건 처리 및 인사 시스템 등을 바꾸어서 조사담당자들이 로비나 압력에 휘둘리지 않고 일할 수 있도록 해야 됩니다.

가장 많은 문제는 심사관 단계, 그러니까 담당조사관, 과장, 국장(심사관)의 계선조직에서 발생한다 봅니다. 과장, 국장의 결재를 맡아야 심사보고서가 위원회에 상정되는데 이 단계에서 심사보고서가 작성 안 되도록 방해하거나, 그 난관을 뚫고 보고서를 작성하더라도 증거 안 남는 말로 온갖 사유를 들어 결재를 안 해 주는 방식으로 사건을 은폐합니다.

구체적으로는, 명백한 증거를 무조건 증거가 안 된다는 식으로 우기거나, 입증이 불가능한 내지 조사를 10년을 해야 할 정도로 입증할 필요도 없는 것까지 입증을 요구함으로써 조사를 무산시킵니다.

또한 구체적 판례 제시도 없이 막연히 법원 가면 질 수 있다든지 쟁점도 없는 사안을 억지로 쟁점토론하자면서 다수의 목소리를 위장해서 사건을 무마시키는 방법도 있습니다.

설령 법원에 유사한 판례가 있다 해도 대기업 갑질에는 적극적으로 법을 적용해서 판례를 바꾸려고 노력해야 할 것인데 말입니다. 심판정에서 위원들이 숙고한 결과 대법원 판례에 어긋난다는 결론을 내린 것이 있는지 의문입니다.

저렇게 한사코 심사보고서를 상정 안 하려고 하는 사건의 피조사 기업을 보면 다 굴지의 대기업들입니다.

담당 조사관이 전권을 가지고 사건을 처리하는 선진국 시스템으로 바꾸고 소신과 실력 있는 직원들이 우대받도록 다면평가제 도입 등 인사 시스템도 개편해야 됩니다.

그리고 시간과 노력에 비해 성과가 별로 없는 하도급 서면조사는 대폭 축소하고 중요한 신고 사건이 많은 서울과 부산지방사무소에는 베테랑 직원들을 배치하고 인사상 우대를 하여야 할 것입니다. 신고사건 처리는 부담도 스트레스도 많은 업무입니다.

나아가 직원들의 증거은폐 등을 감사관실이 실질적으로 감사해야 할 것입니다. 지금은 거꾸로 은폐에 동조하고 있는 형국입니다. 그러기 위해서는 감사 담당관을 외부에서 공모하는 것도 방법입니다.

로펌 변호사나 교수들을 불러 강연을 들을 게 아니라 중소협력업체 임직원들을 불러서 대기업 횡포의 무자비함과 교묘한 방법 등을 생생하게 듣는 기회도 자주 마련해야 할 것입니다.

중소협력업체 등에서 평가가 좋은 직원을 우대하는 방법도 좋습니다. 중소기업단체나 소상공인연합회 등과 협조하면 될 것입니다. 이렇게 평가가 좋은 직원이 퇴직 후 재취업시 공정위에서 적극 추천하는 것도 좋습니다.

지금은 서로가 마음속으로만 계산하는 마일리지에 의해 재벌기업들에게 점수를 잘 따야 대기업이나 주요 로펌으로 가는 것이 아니냐는 일부 시각도 있습니다.

기업협력국 등 주요 국과장 보직에는 내부공모를 통해 적임자를 선발하는 방법도 생각해 볼 만합니다. 관련 규정이 허용하는 최대한으로 지원 범위를 넓혀서 많은 사람들이 지원케 하여 적임자를 선발하되 그 심사위원에는 중소협력업체 관련자들도 포함시키는 것이 좋다고 생각합니다.

여하튼 저렇게 심사관 단계에서 사건종결은 무혐의, 심의절차 종료(기각 비슷한 것으로 판단이 어렵다든지 법 적용 대상이 아닌 경우) 및 경고로 마무리되고 그때 보고서는 검토보고서입니다.

이 검토보고서에 증거가 어떻게 판단되고 하는 것이 기재되어 있습니다.

이래 저래서 무혐의 등등이 된다…

따라서 예전에는 신고인이 정보공개를 요청하면 공개를 해주었습니다. 그런데 어느 때부터인가 안 해주는 겁니다. 별 이상한 대법원 판례를 근거로 들면서…

거기에 무슨 피조사 기업의 비밀이 있는 것도 아닌데 그러면 신고인은 자기가 왜 무혐의 처분을 받았는지 구체적인 이유를 알 수 없는 겁니다.

그리고 예전 사건절차규칙에는 재신고는 처음 신고와 마찬가지로 조사, 처리를 하고 세 번째(재재신고)는 다른 증거가 없으면 조사 없이 바로 종결하게 되어 있었습니다.

그런데 이것도 언제부턴가 재신고심사위원회(상임위원 한 명해서 몇 명으로 구성)를 만들어 재신고 사건을 조사할 것인지 아니면 그대로 기각시켜 버릴지를 결정하고 있습니다. 최소한 두 번은 제대로 심사받을 기회를 주어야 합니다.

제가 신고 사건이 가장 많은 서울사무소에서만 불공정행위, 가맹, 하도급 등 사건을 5년을 하면서 많은 사건을 처리했는데 그 사건 중에 재신고된 것은 하나도 없습니다. 제대로 사건처리가 되면 재신고를 안 한다는 것입니다.

다시 원점으로 가서, 어떤 국장이 법 위반이 심한 사건을 자기 단계에서 무혐의 등으로 종결했다면, 억울한 신고인은 재신고를 합니다.

그러면 이 국장은 재신고심사위원한테 당연히 이야기를 할 겁니다. 그 재신고사건 적당하니 기각시켜 버리라고.

신고인이 왜 자신이 무혐의처분을 받았는지 검토보고서 보여 달라 해도 안 해주고, 재신고를 해서 다시 억울함을 풀고 싶은데 그것도 안 받아주고.

그럼 신고인은 한강다리 외에 갈 데가 어디 있겠습니까?

잘못 판단한 사건 하나로 인해 황금 같은 10여 년의 세월을 질곡 속에서 보내는 중소기업인들을 봅니다. 그건 크나큰 죄악입니다.

위에서 암시하는 대로 사건처리를 안 했더니만 근무평정이 꼴찌로 나와서 만회하느라 고생했다, 또는 큰 사건 보면 무조건 묻어라, 그게 신상에 이롭다, 큰 물고기는 다 빠져나가고 피라미만 잡힌다는 등의 말들이 직원들에게서 안 나오도록 해야 하지 않겠습니까. 사건 무마의 달인들이 승진과 보직과 성과급에서 유리하구나 하는 생각을 단 한 사람의 직원도 가져서는 안 될 것입니다.

사건 조작(무마)은 법과 정의를 실종시켜 국가가 존립을 할 수 없게 만드는 악성 행위입니다. 옳고 그름을 분간하지 못하는 자는 온전한 사람이 아니듯 사건 조작이 횡횡하는 나라는 나라가 아닌 것입니다.

조직개편이니 법률개정이니 해봐야 이러한 것들이 고쳐지지 않으면 백약이 무효입니다. 이는 지금까지 수많은 조직 개편과 법률 개정 등이 있어도 상황은 더 악화되어 가는 데서 알 수 있지 않습니까?

'세상이 변하는 것을 변(變)이라 하고, 그에 대응해서 나를 바꾸는 것을 화(化)라고 한다. 세상 모든 게 바뀌는 것을 무상(無常)이라 하고, 나를 바꾸지 못할 이유가 없다는 것을 무아(無我)라고 한다.'

'세상이 달라지는 것에 맞추어 나를 바꾸는 것, 나를 바꾸어서 세상을 바꾸는 것, 이것을 우리는 혁신(革新)이라고 부른다.'

공정위의 진정한 혁신을 기대합니다.

제8부
2001년
마이크로소프트(MS)의
항소심 판결
시사점

◆ 2001. 6. 28(목) 미 항소법원은 MS사건 판결에서, MS가 Intel사의 제품과 호환 가능한 PC 운영체제시장에서 Window의 독점력을 남용했다고 판결

○ 하지만 인터넷 브라우저 시장에서 MS가 익스플로러의 독점화를 기도했다는 지방법원의 판결은 완전히 인정하지 않고,

○ 윈도우 운영체제와 웹브라우저인 익스플로러를 결합하여 판매하는 것은 당연위법이 아니라 합리의 원칙에 의해 판단되어야 한다고 하여 재심리를 위하여 파기환송함. 또한 지방법원의 기업분할의 판결도 재심을 위하여 파기환송함

Ⅰ. 서론

□ 기술혁신 시장과 반독점법의 역할

○ 정보통신기술(IT) 등 기술혁신시장은 금융 등 다른 경제부문에도 큰 영향을 주므로 다음의 속성을 고려할 필요는 있지만, 기본적으로는 종래의 경쟁법의 룰을 바꿀 필요는 없음.

  - 혁신은 제품을 개선하고 비용을 감축하여 경제적 복지를 가져다주고, 또한 장기적으로 혁신이 가져다주는 사회적 편익은 전통적인 가격경쟁 등으로 인한 편익보다 더 클 수 있음.

  - 하지만, 혁신이 지배하는 소프트웨어 산업 등에서는 급진적 규모의 경제가 일어나 장기적으로 시장이 독점화될 우려가 있음. 특히 네트워크 외부 경제가 있는 산업에서는 지배적 사업자의 독점화가 더욱더 공고화되고 산업에서의 기술혁신이 억제될 수 있음.

○ 이들을 감안하여 혁신시장에서 경쟁정책의 역할은 바람직한 혁신을 저해하지 않고 또 기술적 진보를 감소시키는 시장 지배력을 허용하지 않는 분석적 틀을 개발하는 것임.

□ MS 항소심 판결에 담긴 의미

○ 항소심은, 기술혁신시장에서 행위의 반경쟁성을 판단할 때에는, 종전에는 당연위법 원칙 하에서 고려하지 않았던 효율성도 고려해야 한다고 하면서 다음과 같이 설명.

–사안이 된 이 소프트웨어 시장의 특수성으로 인해 당연위법의 적용은 가치 있는 혁신을 죽일 수 있음.

–이런 시장에서 소프트웨어에 새로운 기능을 결합하는 것은 보편적인 관행이며, 따라서 이 소송에서 당연위법의 어설픈 적용은 PC, 네트워크 컴퓨터 및 정보기기 시장에서의 혁신에 어두운 그림자를 드리울 수 있음.

○ 즉, 항소심은 혁신적인 소프트웨어 시장에서 끼워 팔기는, 당연위법 하에서 무시되었던 많은 효율성이 있을 수 있다는 것을 인정하여 시장의 특수성을 인정.

Ⅱ. 주요 쟁점

□ 독점 유지(셔먼법 제2조)

○ 항소심은 MS사가 윈도우 운영체제시장의 독점을 위협할 수 있는 제품의 사용이나 유통을 방해하는 등 그의 독점을 유지하기

위해 다양한 배제 행위를 함으로써, 셔먼법 제2조를 위반했다는 지방법원의 판결을 전적으로 지지.

　-그 구체적 내역을 보면, MS사는 자신의 제품을 향상시킴으로서가 아니라 라이센스에 의해 OEM사에 경쟁사의 제품 사용을 금지시킴으로써 경쟁사 브라우저의 시장점유율을 감소시키는 배제 행위를 함.

　-MS사는 윈도우98의 'add/remove 프로그램' 유틸리티에서 익스플로러를 제외함에 의해, 경쟁사 제품의 사용을 상당히 줄이는 효과를 초래하는 반경쟁적 행위를 함. 또한 브라우저와 비 브라우저 코드의 혼합에 의해 OEM사가 경쟁사 브라우저를 사전에 설치하는 것을 방해하여 경쟁사 제품의 점유율을 감소시키는 반경쟁적 행위를 함.

　-MS사가 IAP(Internet Access Provider)사와의 계약에 의해, 경쟁사의 브라우저를 일정한 비율로 유지하는 대가로 인센티브를 주는 것은 MS사의 독점 유지에 효과를 미치는 반경쟁적 행위를 함.

　-MS사가 ICP(Internet Content Provider), ISV(Independent Software Vendors) 및 Apple사와의 배타적 거래는 경쟁사의 브라우저를 시장에서 구축하는 배제 행위임.

※ 셔먼법 제2조의 이 독점유지 조항은 우리 법의 '시장지배적사업자 남용행위'와 유사한 조항으로, 규제의 대상은 독점 상태가 아니라 독점을

실현하기 위한 행위, 즉 일정한 시장에서 의도적으로 독점력(가격을 지배하고 경쟁을 배제할 수 있는 힘)을 취득, 또는 유지하는 것(약탈적 가격 설정, 거래 거절, 배타적 거래 등)을 말함. 이는 독점금지법의 관심사는 독점이라는 결과 자체보다는 독점이라는 상태가 어떤 과정을 통해서 발생하였고 또 유지되는가에 있는 데서 나오는 귀결임. 즉 독점금지법은 경쟁자를 보호하기 위한 것이 아니라 경쟁의 과정을 보호하는 데 그 목적이 있는 것임.

□ 독점화의 기도(셔먼법 제2조)

○ 항소심은 MS가 브라우저 시장의 독점화를 기도했다는 지방법원의 판결을 취소.

−이의 위반이 되기 위해서는 3가지 요건이 필요함. 즉, ①약탈적 혹은 반경쟁적 행위, ②독점화하려는 구체적인 고의, ③독점력을 확보할 위험스러울 정도의 성공 가능성이 그것임.

−이 독점화의 위험할 정도의 성공 가능성을 입증하기 위해서는 원고는 반드시 관련 시장(브라우저 시장)을 정의하고 상당한 진입장벽을 입증해야 하는데, 지방법원에서 원고인 법무성은 이를 입증하는 데 실패함.

−따라서 항소심은 이 부분에 대한 지방법원의 판결을 완전히 인정하지 않음, 즉 지방법원에 환송도 않고 취소함.

※ 셔만법 제2조의 이 '독점화의 기도'는, 그 자체는 아직 독점행위(monopolization)의 단계에는 도달하지 않았지만, 그대로 방치하면 독점행위가 된다고 생각되는 행위임. 예를 들면, 어떤 기업이 약탈적 가격 설정에 의해 다른 기업을 배제한다든지 하면 그 자체는 독점행위라고 할 수는 없지만 그 행위가 독점을 달성하려는 의도에서 행해지고, 동시에 그 행위를 방치하면 독점행위까지 발전할 수 있는 위험한 개연성이 있으면 독점의 기도(attempt to monopolize)로 됨.

□ 끼워팔기(셔먼법 제1조)

○ 지방법원은 MS사가 익스플로러 웹브라우저(tied Product)를 윈도우 운영체제(tying Product)에 기술상 및 판매계약상 결합시키는 것은 셔먼법 제1조 위반으로 당연위법이라고 판결.

　─이에 대해 항소심은 끼워팔기 자체는 인정하면서, 소프트웨어 제품 관련 사건에는 당연위법적인 분석보다 '합리의 원칙'이 적용되어야 한다고 판단하여 재심을 위하여 지방법원에 파기환송하면서 몇 가지 지침을 내림.

　─즉, ①원고는 MS사가 브라우저 시장에서 부당하게 경쟁을 제한한다는 것, ②끼워 팔리는 제품(tied product) 시장에서 이 끼워팔기의 혜택이 그 해악을 능가한다는 것 등을 반드시 입증해야 함.

※ 끼워팔기는 일종의 경제력의 남용으로 볼 수 있고, 또한 끼워 팔리는 제품(tied product) 시장에서 경쟁자를 배제하고 구매자의 거래선 선택의

자유를 박탈하는 반경쟁적인 행위이기 때문에 당연위법이 적용되어 왔음.

이 끼워팔기의 정당화 사유로, 위험부담이 매우 높은 신규 사업의 추진을 위한 것은 사업 초기에는 일반적으로 허용되고, 제품 등의 품질 또는 성능 유지를 위한 것은 거의 인정되지 않음.

□ 구제조치

○ 지방법원은 MS사가 ①그의 영업 관행이 셔먼법을 위반했다는 점을 인정하지 않는 것, ②따라서 MS사는 결과적으로 예전과 같은 영업 관행을 지속할 것임, ③MS사는 과거에 신뢰도가 없음이 판명되었다는 점 등의 이유로 분리를 명령.

─이에 대해 항소심은, 지방법원의 구제조치에 관한 충분한 증거조사의 결여 및 그 구제조치에 합당한 이유의 불제시 등을 이유로 지방법원 판결을 전부 무효화하면서 재심을 위한 지침을 내림.

─즉, 지방법원은 기업분할이 단일의 회사라고 주장하는 MS사에 대해 적정한지를 반드시 재심사해야 하고, 또한 원고가 MS사의 반경쟁적 행위와 OS시장에서의 그의 지배적 지위 간에 **충분한 인과관계**를 입증하는지를 심리해야 함.

Ⅲ. 사건 경위

□ 1991년 미 FTC는 MS사의 PC운영체제 시장 독점 혐의에 대해 조사에 착수했으나 위원들 간의 찬반 견해가 팽팽히 맞서 결론을 내리지 못함.

□ 1993년 FTC로부터 이 사건을 넘겨받은 미 법무성은 1994년 7월, MS사가 라이센스 및 소프트웨어 개발 계약상의 반경쟁적인 조항을 통해, 운영체제시장에서 독점을 유지하고 있다는 혐의로 소송을 제기하여 양 당사자들은 동의명령에 합의하고 1995년 지방법원의 승인을 받음.

□ 1998년 법무성은 MS사가 윈도우95에 익스플로러3.0 및 4.0을 결합 판매함으로써 동의명령을 위반했다는 이유로 민사소송을 제기함.

○ 지방법원은 법무성에 승소판결을 내리면서 끼워팔기를 하지 말라는 가처분명령을 내렸으나 항소심은 이를 파기. 법무성은 다시 이를 지방법원에 제소함.

□ 1998년 법무성과 다수의 주정부는 MS사가 기존의 동의명령

과는 별개로 반독점법을 위반했다는 혐의로 별개의 소송을 제기함.

○ 76일간의 심리와 중재 노력의 실패 후에, 지방법원(Jackson 판사)은 2000년 4월 MS사가 셔먼법 제1조 위반인 끼워팔기, 동법 제2조 위반인 인텔과 호환가능한 운영체제시장에서 독점의 유지, 그리고 동법 제2조 위반인 브라우저 시장에서의 독점화 기도를 인정하는 판결을 내림.

○ 이에 대한 구제명령으로 2000년 6월 MS사를 2개로 분할하는 명령 및 영업 관행에 다양한 제한을 담은 최종판결을 내림.

□ 2001년 6월 28일 항소심은 MS사가 PC운영체제시장에서 독점을 유지했다는 지방법원의 판결은 지지하고, 끼워팔기는 파기환송함.

□ 2001년 9월 6일 미 법무성은 MS사 분할 방침을 더 이상 고수하지 않고 이 사태를 조속히 해결하기 위하여 조속한 조치를 마련할 계획이라고 발표 .

Ⅳ. 향후 방향 및 시사점

□ 향후 방향

○ 미국의 반독점법은 1980년 카터 행정부까지는 공화당 정권을 포함하여 경제 효율성 외에 경제력 집중 억제, 중소기업 보호 등의 정치적·사회적 목적(정치·경제적 자유주의)을 중시하는 하버드학파의 영향이 강했음.

－이의 시대적 배경으로는 미국 경제에서 압도적인 비중을 점하고 있던 제조업이 대량 판매방식을 통하여 우수한 제품들을 제조·판매하고 있었으며, 또한 국제화가 그다지 진전되지 않아 기업들이 국내시장을 염두에 두고 경제활동을 하고 있었으므로 국내시장에서의 경쟁 촉진을 유일한 정책 목표로 하고 있었음.

○ 미국 경제가 침체기에 있던 1980년대 초 레이건 정권부터 경제 효율성 측면에서 경쟁 촉진 효과를 중시하는 시카고학파가 반독점법에 많은 영향을 미침.

－이는 일본 및 독일 경제의 부상에 따라 미국 경제가 세계시장에서의 경쟁력이 약화됨에 따라 독점금지법 운용에서 정치·사회적 목적이 약화된 데에 따른 것임.

－또한 세계화가 급속도로 진전됨에 따라 미국이 강력한 해외 경

쟁에 직면하게 된 것도 그 배경임.

○ 앞으로도 세계시장에서 미국의 경제적 비중은 전과 마찬가지로 크지 않으리라 예측되므로, 이 경제적 배경이라는 관점에서 보면 독점금지정책의 근본적인 변화는 없다고 하는 것이 타당.

-물론 정치·사회·경제적 평등을 주장하는 민주당이 집권하면 구체적 운용 과정에서는 다소 변화가 있을 수 있으나 역시 근본적인 변화는 기대하기 어려움.

○ 현재까지 나타난 것으로 보더라도, 수직적 협정이나 수직적 합병 규제의 완화, 기존의 독점기업의 분할 완화 등 경쟁 제한 효과가 명백하게 입증되지 않는 것은 위법으로 하지 않음.

-또한 경쟁 제한 효과가 입증된다 하더라도 경제 효율의 증진 효과가 있는 것에 대해서는 역시 합리의 원칙을 적용하고 있는 경향임.

○ 이러한 조류에다 기술혁신시장의 특성을 고려하여 나타난 것이 이번 항소심 판결이 지닌 의미라고 보임. 또 이러한 방향은 쉽사리 바뀔 것 같지가 않음. 또한 미국의 IT산업이 세계시장에서 비교우위에 있는 것도 이 부문에 대한 엄격한 법적용을 망설이게 하는 요인이라고 봄.

○ 2001년 9월 6일 미 법무성은 MS사의 분할에 더 이상 매달리지 않겠다는 요지의 발표를 한 것은,

－구조 구제조치인 분할에 따른 지리한 법정 공방도 피하며 또한 급속도로 성장해 나가는 이런 산업에 충격을 주지 않고, 단지 MS사의 독점행위(monopolization)만을 문제 삼아 행위 구제조치(Conduct Remedy) 쪽에 중점을 두어 사건을 신속하게 해결하려는 노력으로 보임.

－여기에는 현재 MS사의 독점 상태로 되어 있는 운영체제시장을 경쟁체제로 바꿀 수 있는 구제조치도 포함될 깃으로 예상.

□ 시사점

○ MS사가 윈도우95에 웹 브라우저인 익스플로러를 끼워 팔면서 넷스케이프를 비롯한 경쟁 기업들이 시장에서 배제되기 시작한 것도 6년이란 세월이 지났음.

－미 항소심이 지적하듯이, 이제 이러한 시장에서 소프트웨어에 새로운 기능을 결합하는 것은 보편적인 관행으로 정착되어 당연위법의 적용은 가치 있는 혁신을 소멸시킬 수 있는 단계에 와 있음.

○ IT 산업은 '소비자 측면에서 상당한 규모의 경제'(substantial customer side Scale Economies)를 유발시키는 네트워크 효과(네트워크

에 접속하는 사람이 많으면 비용이 감소됨), 네트워크를을 바꾸는 데 소요되는 높은 교체 비용(switching Costs), 그리고 소비자들이 좀처럼 네트워크를 바꾸지 않는 고정된 소비효과(Lock in Effect)로 인해 한 기업의 시장지배를 초래하기 쉬움.

　－따라서 MS 건은 시간을 벌기 위해서 사법제도를 이용하는 MS 사에게 미국정부가 판정패했다고 볼 수 있음.

　○ 이런 점에서 현재 MS사의 윈도우2000 끼워팔기를 조사하고 있는 EU 경쟁담당 집행위원인 Mario Monti의 말은 시사하는 바가 큼.

　－"경쟁위원회는 산업계와 소비자에게 공히 편익을 제공하는 컴퓨터 기술에서의 진정한 모든 혁신과 진보를 환영함. 하지만 우리는 반경쟁적인 수단을 이용한 시장 지배력의 레버리지(leveraging) 효과에 의해 현재 시장에서의 시장지배력을 인접 시장으로 확대하는 것은 용납하지 않을 것임."

　○ 따라서 이러한 산업에 대해서는 네트워크 효과 등으로 인해 독점적 지위 형성이나 고착이 쉬우므로 경쟁 당국의 개입은 신속해야 하며, 또 이런 문제에 대해 일반 국민이나 법원의 공감대를 얻을 수 있는 다양하고 적극적인 홍보가 필요함.